华章经管
HZBOOKS | Economics Finance Business & Management

THE SALES ACCELERATION FORMULA

USING DATA, TECHNOLOGY, AND INBOUND SELLING
TO GO FROM $0 TO $100 MILLION

销售加速公式

如何实现从0到1亿美元的火箭式增长

[美] 马克·罗伯格 (Mark Roberge) ◎著
高成资本 ◎译

图书在版编目（CIP）数据

销售加速公式：如何实现从 0 到 1 亿美元的火箭式增长 /（美）马克·罗伯格（Mark Roberge）著；高成资本译 . -- 北京：机械工业出版社，2021.5

书名原文：The Sales Acceleration Formula: Using Data, Technology, and Inbound Selling to go from $0 to $100 Million

ISBN 978-7-111-68039-0

Ⅰ. ①销⋯　Ⅱ. ①马⋯ ②高⋯　Ⅲ. ①销售方式　Ⅳ. ① F713.3

中国版本图书馆 CIP 数据核字（2021）第 069209 号

本书版权登记号：图字　01-2021-1020

Mark Roberge. The Sales Acceleration Formula: Using Data, Technology, and Inbound Selling to go from $0 to $100 Million

ISBN 978-1-119-04707-0

Copyright © 2015 by HubSpot, Inc.

This translation published under license. Authorized translation from the English language edition, Published by John Wiley & Sons. Simplified Chinese translation copyright © 2021 by China Machine Press.

No part of this book may be reproduced or transmitted in any form or by any means, electronic or mechanical, including photocopying, recording or any information storage and retrieval system,without permission, in writing, from the publisher. Copies of this book sold without a Wiley sticker on the cover are unauthorized and illegal.

All rights reserved.

本书中文简体字版由 John Wiley & Sons 公司授权机械工业出版社在全球独家出版发行。

未经出版者书面许可，不得以任何方式抄袭、复制或节录本书中的任何部分。

本书封底贴有 John Wiley & Sons 公司防伪标签，无标签者不得销售。

销售加速公式
如何实现从 0 到 1 亿美元的火箭式增长

出版发行：机械工业出版社（北京市西城区百万庄大街22号　邮政编码：100037）			
责任编辑：华　蕾　陈紫陌		责任校对：殷　虹	
印　　刷：北京市荣盛彩色印刷有限公司		版　　次：2021年5月第1版第1次印刷	
开　　本：170mm×230mm　1/16		印　　张：12.25	
书　　号：ISBN 978-7-111-68039-0		定　　价：69.00元	

客服电话：（010）88361066　88379833　68326294　　投稿热线：（010）88379007
华章网站：www.hzbook.com　　读者信箱：hzjg@hzbook.com

版权所有·侵权必究
封底无防伪标均为盗版
本书法律顾问：北京大成律师事务所　韩光 / 邹晓东

赞 誉

这本书适合没有销售管理经验的业务负责人。

王慧文

美团联合创始人

SaaS 是一项不断升级组织能力的业务,做出好的产品是基础,也是第一关,而要真正成为一项成功的业务,最难的是销售,是如何搭建强大的销售能力。销售能力是发展的必需品,也是倒逼产品和服务迭代的必需品。

不同产品的销售方法、过程管理方法、人员能力培养方法、市场推广和线索获取方法等都不一样,塑造 SaaS 产品销售能力需要漫长的过程。我们唯一能做的就是用成熟的方法论来优化这些方法,让这个过程尽量更有效一些、更快一些。

如果你还没有相对成熟自洽的 SaaS 产品销售方法论,这本书的内容很值得学习和借鉴。

白鸦

有赞科技 CEO

本书所介绍的工程方法是慧算账最重要的方法论之一,其有效地指导了我们推进：精准销售线索的量化过程，销售人员的能力识别，销售员及销售管理岗的能力模型建设落地，销售过程组织管理等经营实践。

张述刚
慧算账创始人兼 CEO

马克·罗伯格用工程师的思维，将销售的各个环节进行拆解，使其流程化和规范化，从而让成功可复制、业绩不断加速增长。同时，他还介绍了人才的选用育留机制、企业文化体系是如何与企业战略相匹配的。

一个优秀的销售团队，不仅需要一套业务的行动方法论，也需要一套人才的选育机制。这点正是我在著作《干就对了》中不断提到的"铁军打造一定要做到人事合一"。所以，我相信本书值得每一位业绩增长的负责人阅读。

俞朝翎
阿里巴巴 B2B 中供铁军前总经理
"创业酵母"创始人

成功的销售来自于对客户需求的理解、解决客户的问题；成功的销售团队在于管理者能知人善任、激发团队携手并肩应对新的挑战。谷歌的销售团队并非千人一面，我们一直都在寻找具有好奇心、激情和求知欲并能为团队带来新观点和新生活经历的人。本书为管理者提供了不同于传统的思维，全面地从人才招募、培训、管理、激励等角度分享了作者的优化心得，我非常乐见这个模式带给我们的不同思考与成长。

林妤真
谷歌大中华区营销洞察与解决方案副总裁

每个企业都想打造"销售铁军"或高绩效销售团队。高绩效是结果，方法论是规模化与可持续的关键成功要素。本书帮助每个企业实现从直觉性、口号性的销售管理到可衡量、可预测的销售系统的转变,通过工程化、结构化的方式,助你学会销售组织发展与业务倍增的最佳实践。

李东朔

UMU 学习平台创始人

《销售加速公式》让我深感"相见恨晚"。每周二下午,我都会和商务管理团队选其中一章学习,每次讨论,我们都深受启发,并基于书中内容不断改进。对于任何一家 SaaS 公司,这本书价值连城!

陈航

群核科技(酷家乐)CEO

新一代的商业领袖正通过严循规则、数据驱动的方式改变销售世界。本书解释了这一趋势出现的原因。

托尼·罗宾斯(Tony Robbins)

《不可撼动的财务自由》和《钱:7 步创造终身收入》作者

打造一支伟大的销售团队受很多因素影响,这些因素不应该成为不解之谜。作者将销售的各环节进行了细致的拆解(招聘、培训、薪酬管理、绩效评估),并描述了他是如何通过指标驱动的方法管理这些环节,最终使得他的公司走向成功。如果你也想如此实现销售上的成功,那么这本由一位从工程师转型成销售领袖的人撰写的书,很适合你。

丹尼尔·平克(Daniel Pink)

《全新销售》和《驱动力》作者

本书为整个市场营销和销售流程(从寻找潜在客户到完成销售)提供了最有效和最实用的管理指南。它帮助市场营销和销售的高级管理者理解如何同时满足客户需求、快速完成销售目标和指数化提升销售规模。

本·夏皮诺（Ben Shapiro）
哈佛大学市场营销学荣誉教授

在本书中，作者提供了一幅能规范地提升销售团队的路线图。每一位销售管理者都应该阅读。

凯文·伊根（Kevin Egan）
Dropbox 销售副总裁

在创新内部销售方法论、用数据指标驱动管理洞察和用互联网技术提升销售人员效率等方面，作者一直处于前沿。我认为这本书十分适合任何一位销售管理者。

大卫·斯科克（David Skok）
经纬创投合伙人

可预测的业务规模化是每一个 CEO 和销售管理者关心的议题。不过，很少有管理者能真正实现。作者为此设计了一套卓有谋略的方法论。

布莱恩·施密特（Brian Schmidt）
猫途鹰（TripAdvisor）全球销售副总裁

在我的职业早期阶段，我曾在华尔街一家经济咨询公司做销售代表。那个时候，销售人员掌握着关键信息，也掌握着客户关系里的主导权。现在，由于网络上信息十分丰富，传统的销售方式已经不那么奏效了。在这本书里，作者分享了他非常成功的一套销售管理方法论，这套方法论可以使销售团队在新的"买方驱动"的世界里获得成功。

戴维·斯科特（David Scott）
《新规则：用社会化媒体做营销和公关》等系列畅销书作者

是时候让收入引擎加速运转起来了！本书揭开了销售管理的神秘面纱，为销售管理者提供了一套可规模化、可实施的方法论。

吉尔·康耐斯（Jill Konrath）
《大客户销售攻略》和《敏捷销售》作者

我认为作者和HubSpot公司是销售管理领域的传奇，作者的公司是少有的几个我会亲自去学习销售领域最新实践的公司之一。

亚伦·罗斯（Aaron Ross）
Predictable Revenue 作者

工程师的思维模式能够帮助当代销售管理者获得独一无二的优势。本书解释了其中的缘由。

约翰·麦吉奇（John McGeachie）
Evernote销售副总裁

—— THE SALES
ACCELERATION
FORMULA ——

原书推荐序

销售，和其他事物一样，面临着来自当下这个有趣时代的诅咒。大家都意识到今天的我们正面临着前所未有的挑战：互联网和电子商务带来的改变、消费者购买力的增强、消费复杂程度的提高以及全球化造成的影响。对销售团队、销售经理及销售人员来说，他们面临的"有趣"挑战层出不穷。

雪上加霜的是，销售突然之间成了人人关注的战略焦点。世界各地的董事会比以往任何时候都更加关注公司的销售战略。是什么让他们对此如此关注？原因有很多，但有两个因素比其他因素更为突出。首先是竞争的加剧。如今，没有任何一个所谓的细分市场是绝对安全的。人们经常提及的一个数据是，现今平均每家公司面临的竞争对手数量是五年前的两倍。虽然没人知道这个数据是否真实，但包括我在内的很多专家都相信确实如此。假设这个数据是正确的，那我们也可以换一种说法，从统计学的角度来讲，这意味着平均每家公司的市场份额都比五年前减少了一半。其次，大多数公司用来应对过度竞争的战略并不可靠。不信你可以去问一家公司，他们准备在这个竞争激烈的世界中取得成功的主要战略是什么。我最近就在一个公司战略决策者的行业会议上提出了这个问题，结果超过70%的人都说他们的战略是"创新"。然而，当我接着问"那么这个战略有没有起作用"时，超过一半的人都回答"没有"。

在此，我并不是想说创新不好。如果可以落到实处，创新确实是一个好战略，而且可以说每家公司都被迫要不断创新，不然就会面临倒闭的风险。所以人们面对激烈竞争的下意识反应就是创新，但正如许多公司发现的那样，创新也有其不利之处。一方面，创新是一项很难长期维持的战略，即便是战略创新的先驱者苹果公司也可能无法永远保持创新。而另一方面，创新战略还有一个很多人尚未意识到的弊端，那就是它能带来的机会窗口在缩小。创新战略的核心在于，它能够为你在这个充满竞争的世界中提供一段可以喘息的时间，在这段时间内，你所创造的独一无二的产品可以让你在市场上领先于对手。在过去，一个不错的创新产品可能会让你在竞争对手赶上之前在市场上占据一到两年的优势地位。而现在的市场并非如此：如果一个创新产品能让你在市场上占据几个月的优势地位就已经非常幸运了。所以很多公司都开始反思，依赖创新来达成业务增长是不是一个可靠的战略。

正因如此，越来越多的领先企业有了新的口号——自然增长。正如通用电气公司的杰夫·伊梅尔特（Jeffrey Immelt）所描述的那样，自然增长是"利用我们的销售和营销战略从竞争对手那里获取业务"。毫无疑问，自然增长是一个合理的战略，关键在于如何落实它。落实这个战略的先决条件是拥有一支能够超越竞争对手的优秀销售团队。然而很少有公司对如何创建、培训、管理和发展这样的销售队伍有所了解。

幸运的是，现在我们并不缺乏好的建议。最近几年，优秀的销售书籍如雨后春笋般出现，话题涉及从招聘、培训到薪酬、销售管理的各个方面。拼图随着碎片的增加变得越来越完整。但在我看来，仍然缺少一些东西：无论我们对难题各个部分的理解如何透彻，除非将它们组装成一个连贯的整体，否则一切都无济于事。

马克·罗伯格（Mark Roberge）和他的这本书弥补了这一缺憾。马克是一位毕业于麻省理工学院（MIT）的工程师，他加入了一家名为HubSpot的三人创业公司。谈起马克有多么不适合这份"建立可衡量、可预测的收入增长"的工作（也就是销售工作），我总是乐此不疲。首先，他对销售人员和如何销售一无所知。这也许并不是一个多严重的劣势，因为这点让他摆脱了诸多资深销售主管所面临的迷信、舞弊、陋习等困扰。但可以肯定的是，如果HubSpot是一家规模较大的公司，他们会慎重考量是否让马克从事销售工作，更不用说让他主管销售工作了。

其次，马克是工科背景，很少有人会突然从编写代码转行从事销售。工程与销售之间存在着深深的双向偏见。工程师对销售人员的刻板印象是，销售是一种不合理的技巧，它利用撒谎、作弊、偷窃等不道德的技巧来操纵人们去购买他们不需要的东西。我觉得正是出于这个原因，有些本可以成为杰出销售人员的工程师才宁愿挨饿也不愿成为一名销售人员。同样地，销售人员对工程师也有偏见。他们经常将工程师视为来自另一个星球的生物，缺乏想象力且毫不敏感。出于这种刻板印象，销售人员会认为工程师对客户毫不关心，还会从蓄意破坏他们的销售成果中获得古怪的快感。我记得几年前在摩托罗拉，销售人员称呼工程师为"瞎说实话的人"，并竭尽全力让他们远离客户。

类似的危险的陈旧偏见还有很多，而且不幸的是，它们至今仍旧存在。但现实是，近年来销售力量正在被迫扩张，在如今的B2B销售领域，如果你没有工科训练所强调的多种能力，比如计算能力、逻辑推理能力和分析能力，你将无法取得成功。为什么这些传统的工科训练对如今建立一支销售团队至关重要，你可以在这本书中找到答案。马克将他的工程师思维方式带到了HubSpot。他分析了成功因素，建立了销售流程，而且融入了度量和分析的方法。在整本书中，我能看到的是一个聪明的思考者，利用他所接受的工科训练来找到关键问题，以全新的方式思考问题，并且为这些换作他人可能早已经放弃的问题提出了可行的解决方案。

最后，他建立了一支销售团队，该团队于七年内在所谓的"三人车库业务"的基础上发展出一家收入超过1亿美元的成功公司。马克·罗伯格在本书中描述的操作方法有几个独特性。首先，他很好地举例说明了如何识别出一张拼图的关键部分，即四个对销售成功至关重要的因素，并解释了如何将这些部分组装成一个连贯而有效的整体。其次，据我所知，这是目前市场中通过严谨分析方法取得销售增长的最好案例。此外，马克的故事涵盖了销售增长的所有方面。本书从一个典型初创公司应该如何聘用第一位销售人员等问题出发，一直讲到收入超过1亿美元的公司应如何解决其面临的不同难题。麻雀虽小，五脏俱全，本书将带给你非常有趣的阅读体验。无论你所在的销售队伍是一个小型的初创企业还是一支复杂的500人团队，你都将在这本书中找到许多相关的、有用的且有深度的信息。

尼尔·雷克汉姆
《销售巨人》作者

— THE SALES
ACCELERATION
FORMULA —

推荐序

To B 销售与营销在数智时代的创新发展

高成资本的创始合伙人洪婧女士向我推荐了她公司翻译的《销售加速公式》一书，我读后感觉收获超出了预期。这是我读到的有关 To B 销售和营销最有价值的一本书，在收获的同时，我也回想起此前对销售和营销的一些思考，并产生了一些新想法，整理了一下，供大家指正。

销售的工程化发展

销售是自人类有商业活动以来就存在的商业行为。随着产品、市场、技术、社会的变化和发展，销售也在不断地演进，从之前的推销艺术逐步走向科学化，从主要依靠源于实务的经验累积走向在价值理念指引下结构化、流程化、数据化和技术化的工程体系。

销售流程是销售工程化发展的第一阶段。今天的销售工程已经涵盖了销售的价值理念、结构要素、通路（渠道）、组织发展（招聘、培养、管理等）、作业流程、方法论、数据和技术工具等，是更全面的体系。从销售经验到销售流程是一个重要进步，从销售流程到销售工程是一个更大的进步。理念、要素、通路、组织使销售走向了科学化，流程、数据和工具使销售被技术赋能。销售的工程化使得销售可度量、可计算、可预测、可规模化，今天的数字化和智能化又加速和升级了销售的工程化发展。

从院校教育的专业建设上看，营销因为更早地被科学化与技术化，现在已经成为院校的专业之一，在销售工程化的背景下，其成为院校的专业之一也将指日可待。

很多事物和概念看似是矛盾式的存在，实则是因为人们认识或谈论它的时候没有考虑到时间这个重要维度。把销售的演进放在时间轴上，你就会看到从艺术到科学、从经验到工程就是一个可以统一的历史发展进程。这很像建筑工程的发展，最早建筑设计更多是靠艺术家的创意，建造更多是凭工匠的经验，但今天已经发展到高度科学的阶段，尽管创意和经验仍然蕴含其中。在数字时代，由于BIM（建筑信息模型）的应用，建筑的设计、建造和运营又出现了革命性的新发展。

从"产品销售"到"客户运营"——两个时代的营销与销售

农业和工业经济时代的前中期，很多时候都是产品短缺的，从商品供求关系的角度看，属于卖方市场。工业经济时代的后期，产品极大丰富，买方意识崛起，买方价值诉求增强，市场转型为买方市场。数字经济时代，由于信息技术的普及应用，买卖双方信息不对称基本被消除，买方更进一步地拥有主导权，市场进入更加"买方主导"的新时期。

农业经济时代以"商品"（自给自足后用于交易的富余产品）为中心，工业经济时代以"产品"（以可交易的商品为生产目的）为中心，现在人类已经进入数字经济时代，"客户"成了新的中心，对应的销售也从工业时代的"产品销售"发展到后工业时代的"客户经营"，到了数字时代，客户经营的模式走向了"客户运营"。

如果说产品研发与生产是通过创造产品或服务为客户提供使用价值的话，营销和销售就是通过与目标（潜在）客户进行价值沟通和匹配来为客户创造价值。营销是与目标客户做群体式、规模化的价值沟通与匹配，销售是与目标客户做个性化的价值沟通与匹配，并最终实现价值交易。

从产品销售到客户运营反映的是营销和销售在两个经济时代的进化发展。产品销售是以厂商为中心，采用厂商思维、推播式（outbound），是"销售员"制的；客户运营是以客户为中心，采用客户（需求、价值、体验和成功）思维、集客式（inbound），是"客户经理"制的。现阶段我们经常看到很多公司把销售人员称为"客户经理"，但实际仍然是产品销售的方式，采用的厂商思维，还停留在工业经济时代。

To B 销售与 To C 销售

各类产品与服务的销售尽管有很多相通甚至一致的东西，但因为客户对象的不同、同一客户购买的产品与服务类别的不同、客户所在地区的不同又呈现出很大的差异。To B 与 To C 的销售、工业品和消费品的销售、美国与中国的销售就有很大的差别。

与 To C 相比，To B 销售的产品与服务的组合程度、服务深度、金额规模、客户转换成本和个性化要求更高，从营销、销售到服务的价值链更长，客户购买决策的主体更加复杂，决策流程也更长，所以 To B 的销售理念、方法论、通路、流程、人员与组织、技术等都会与 To C

有很大的不同，近年来流行的 To C 销售方法论和技术在很多情况下并不能用于销售 To B 端产品。

对比 To C 销售，To B 销售与客户面对面沟通的要求更高，地面特性更强，在中国文化背景下尤为突出，所以要求要有比较强大的地面营销团队。这一特性随着信息和社交网络的社会渗透，九零后、零零后进入职场，以及 2020 年新冠疫情对企业采购行为方式的改变，也在发生重要变化——中国在线营销与销售的比重也在快速上升。

To B 的产品与服务特性对营销、销售和服务组织的专业化要求更高，无论是自营还是与生态伙伴共同合作经营，都要求厂商自身和生态伙伴必须拥有高专业水平的团队。所以有专业营销、销售与服务网络的厂商在市场上更具优势，专业从事 To B 销售和服务的公司也成为产业的宝贵资源，是各厂商竞相争取的合作对象。

To B 的特性使得工程化发展对 To B 销售更有价值。此前，To B 销售因为产品、行业的差异性大，客户个性化要求高，工程化发展有限。ERP 时代的"顾问式销售"对 To B 销售实现了一次变革。本书作者麻省理工学院软件工程毕业的马克·罗伯格先生以其工程化的思维和方法，站在数字时代的新环境中，从零开始实践、总结并构建了一个全新的 To B 销售工程体系，在美国和全球众多国家得到了认同和推广。高成资本把《销售加速公式》一书介绍到中国来，对于企业服务产业的销售与营销的进步发展是很有意义的。

中国的 To B 销售，其基本业务特性与美国是相同的，同时由于地区文化、制度、发展阶段的不同又有不少差异。我们在很多时候都可以学习借鉴源自美国的成功实践和方法论，但同时也需要中国本土企业服务提供商等的 To B 企业结合中国的商业环境和发展基础，实践、研究、构建起差异化部分的方法论，以更加适应中国 To B 类客户（企业和公共组织）的价值需求，实现更好的价值沟通与匹配，为客户创造更大的价值，继而促进中国 To B 产业更好、更快地发展。

销售与营销的数字化、智能化

人类商业史就是一部商业创新史，技术，特别是当代信息技术对商业创新的驱动作用越来越大，在销售和营销领域尤为突出。不仅零售业被电商平台重塑、广告业被搜索引擎和社交网络颠覆，To B 的销售和营销也在快速地数字化、智能化。

以客户为中心的客户运营需要厂商的营销、销售、产品和服务等团队及时、精准、持续地了解客户并与他们沟通。基于大数据专业建立深刻且动态的客户画像是实现客户运营的基础，网络成为客户与厂商连接和沟通的新场所，搜索引擎、社交媒体、自媒体成为最重要的与客户连接和沟通的途径，社区、社群在客户运营中将发挥越来越大的作用。正是因为上述变化，集客式营销才有了可以规模化发展的技术和社会环境基础。

使能组织、赋能员工是企业通过数智化实现组织变革的重要方面。基于新一代信息技术不断创新推出的营销、销售等 SaaS 服务，能够极大地便利销售和营销人员与客户的连接、沟通；协同系统可以帮助销售、营销人员之间达成高效协作；基于 AI 的系统可以对销售和营销人员实现自动化、智能化的服务和赋能。这些新的技术工具大幅提高了销售与营销人员的业务开展质量和处理效率、客户体验和员工满意度。Salesforce 在美国和全球的成功也反映了该类服务的巨大价值。

数字化、智能化运营是当代企业运营的趋势模式。快速发展的各类数字技术可以对销售和营销人员的招聘选择、培训提升、薪酬、晋级发展等实现基于真实业绩、行为和能力的量化感知、监测和评价，使企业营销和销售组织的能力建设与发展、运营与管理升级到数据驱动的模式。

  站在今天，如果说公司的销售、营销组织不是通过网络和数据进行客户运营，不是被技术系统赋能，不是按照数据智能方式运营和管理，那它一定是落在时代后面了，因为各行业领先企业的营销和销售都已经是这样运转了。

王文京
用友网络董事长
2020.12.22 于崇礼

THE SALES
ACCELERATION
FORMULA

译者序

科学方法论构建 To B 销售公式

中国经济的崛起,很大程度上受益于改革开放的红利、全球化的分工,以及世界技术进步的领航。放眼未来,实现从拿来主义到自主创新的范式跃迁是我辈义不容辞的历史责任。**创新进入无人区,更需要理性思维与科学方法论的导航。**自然科学研究需要方法论,企业管理作为社会科学的实践也同样需要方法论。

作为专注于企业服务领域的投资基金,我们注意到很多新一代技术出身的 To B 创业者对销售管理感到头疼,认为销售的艺术性多于科学性,希望能找到一个好的销售负责人,就此毕其功于一役。可惜组织能力的建设并不那么简单,企业服务领域的试错环节多、试错周期长,如果缺少可复制、可持续优化的销售方法论,To B 企业在创新的征途上一旦走弯路"掉进坑里",往往需要很长时间才能重回正轨。

特别是在中国当前的技术与市场环境下,To B 企业面临着**"四化合一"**的机遇和挑战,企业客户既要补成熟市场已走过 40 年的 IT 化、20 年的 SaaS 化的课,又要充分利用中国相对领先的移动化、AI 化的应用实践，通过不断地创新，全方位推动企业的数字化、智能化转型。这其中孕育着巨大的机会，让新一代创业者可以**用新的供给去解锁和定义新的需求**，同时也意味着巨大的挑战——需要在需求定义、产品-市场契合点（product-market-fit，PMF）、市场进入策略（go-to-market，GTM）、定价、销售管理、渠道管理、激励机制等相互耦合的多个环节于同一时间进行试错。我们认为**好的企业级软件可使管理最佳实践在新技术条件下得以固化**，而在当前的企业服务市场中，很多领域的客户普遍需求尚未被充分抽象，管理最佳实践还没有被完整提炼，产品的标准化还任重道远，这些无疑都增加了销售工作的难度。

此外，市场上有经验的新一代 To B 销售人才仍比较稀缺，SaaS 销售的最佳实践还在打磨过程中，想挖到能够瞬间点石成金的全能销售团队并不现实。美国很多 SaaS 产品的高速成长，得益于上一代订阅式软件的需求明确、渠道稳定，新一代产品可以通过云化交付方式直接进行替代。而中国新一代企业服务的产品创新和销售管理，则不得不在"无人领航"的情况下进行全面探索，短期增长速度可能不及美国的 SaaS 明星公司，但 To B 业务往往"慢就是快"，厚积薄发、不断创新才能实现长期复利的成长和价值创造。

在无人区进行创新探索，更需要方法论的指导和不断优化。方法论（methodology）是关于方法（method）的学问（-ology，a field of study），是关于我们探寻世界真理，进而改造世界的方法的理论。高成资本翻译并推荐的这本《销售加速公式》，则是采用科学理性思维寻找销售管理的真谛，通过建立并优化可复制的销售公式，实现可衡量、可预测收入增长的一个实用范例。

本书的作者马克·罗伯格（Mark Roberge）在加入 SaaS 创业企业

HubSpot负责销售时，还只是刚从麻省理工学院毕业的软件工程师，一个完全没有销售经验的"麻瓜"㊀。本书记录了马克如何回归"第一性原理"，用工程思维解构和梳理销售的关键要素与核心流程，将销售招聘、培训、管理、薪酬和绩效评估分解为可实施的工程方法，从零开始搭建可量化、可优化的销售体系，展现了建立强大销售组织的范例。销售不再是艺术，而是可衡量的公式。如今HubSpot已成为年收入超6亿美元、市值超80亿美元的SaaS明星企业。如何找到相似的高效销售员？如何保障相同的培训？如何实施相同的流程管理？如何产生质量和数量稳定的销售线索？如何分解问题，先量化，再优化？马克的方法论与实践，对于中国创业企业的销售管理有极高的参考及借鉴价值。马克目前在哈佛商学院教授创业课程，高成资本也有幸与马克深度合作，从多方面为中国To B企业的成长提供帮助。

当然，没有哪一套方法论适用于所有人，且方法论本身也需要不断升级。打造方法论的前提是对基本原则的深刻洞悉，要能够看透事物的第一性原理是什么，底层逻辑和要素有哪些。To B创业道阻且长，需要创业者带着坚定的、热情的探索真理的渴望，和专注的、耐心的实干精神。有方法论才能实现可积累、可复盘、可优化、可持续的创新和增长。**不断积累和优化方法论的组织，才能实现持续的进化。**将理性思维和科学方法论运用到社会、人文和管理领域，才能真正推动社会的创新与进步。

作为研究型企业服务投资基金，我们希望在帮助中国创业者打造世界级企业服务公司的过程中，不仅提供长期、耐心的资本和深刻、前瞻的行业洞察，也为大家提供切实可行的方法论作为参考。**行道求真，无**

㊀ 该词为J. K. 罗琳在其作品《哈利波特》中创造并使用的，表示不懂魔法的人类。

问西东。翻译并推荐本书，是高成资本帮助创业企业及其销售团队引入他山之石、分享最佳做法的一种方法论实践。

"日拱一卒，功不唐捐。"高成资本团队以此为训，与大家共勉。

洪　婧

高成资本创始合伙人

THE SALES
ACCELERATION
FORMULA

前　言

"可衡量、可预测的收入增长。"

我认真地把这几个字写在了记事本上。那是一个周四的晚上，我在11点刚刚签署了一份文件，加入了一个只有三个人的营销软件初创公司HubSpot。联合创始人布莱恩·哈利根（Brian Halligan）和达迈石·沙（Dharmesh Shah）是我在麻省理工学院读书时就认识的校友。他们都是有使命感的聪明人，想要帮助企业将营销从推播式（outbound）转变为集客式（inbound）。

我的工作是负责建立销售团队。

那天深夜，我思考着前方的道路和这个我选择接受的任务。

"可衡量、可预测的收入增长。"

这就是我需要去设计的。

7年后，HubSpot的营业收入突破了1亿美元大关。在担任全球销售和服务高级副总裁期间，我为公司争取到了来自60多个国家的首批1万个客户，率领着超过450名员工的销售、服务、客户管理和支持团队。很少有销售主管能够端到端地完成这样一个完整的过程，而我甚至是在没有任何建立销售团队经验的情况下完成的。事实上，我之前从未从事过销售工作。作为麻省理工学院的毕业生，我受到的是软件工程师的训练。我的工作从写代码开始，但不知何故，最终却坐在了销售主管的位置上。在整个工作过程中，我利用指标驱动、过程导向的工程视角挑战了许多传统的销售管理概念。

当人们听说我的故事时，他们都很感兴趣。他们对如何用工程学方法成功扩展销售团队感到好奇。这种好奇心使得销售主管和企业家给我打了数千个电话，让我做了数百场演讲，最终促成了这本书的诞生。其实这些原不是我的本意，我只是简单地想要努力养家糊口，为布莱恩和达迈石想要完成的使命做出贡献罢了。但我很高兴可以分享我扩展团队的故事，希望它可以帮到更多的人。

于是我再次拿起记事本，继续写道：

1. "每次都找拥有相似成功特质的销售人员。"（销售招聘公式）
2. "以相同的方式培训每个销售人员。"（销售培训公式）
3. "让销售人员对相同的销售流程负责。"（销售管理公式）
4. "每月为销售人员提供相同质量和数量的销售线索。"（需求生成公式）

这四个要素就是我用以加速销售的公式。如果我能够真正执行这四个要素，我相信一定会达成"可衡量、可预测的收入增长"。对于每个要素，我设计了一套可重复操作的流程，依靠一定的度量标准进行了计算，从而使得每个策略在本质上是公式化的。在本书中，我将这些可预测的框架称为"销售招聘公式""销售培训公式""销售管理公式"和"需求生成公式"。这些公式反映了我的大部分工作，并且构成了本书的大部分内容。需要澄清的是，这些公式本质上不是像"$X+Y=Z$"一样的纯代数公式。我倒是希望扩大销售能够如此简单！通过使用"公式"一词，我想表达的是，我预测增长规模的过程是可重复、可度量和可计算的。

第一部分介绍了销售招聘公式。你将学习如何每次利用指标来前瞻性地雇用相似的最可能成功的销售人员。你会明白"理想的销售人员"并没有一套通用的模型。销售人员是否理想取决于公司所处的买方环境。在一家公司中表现最好的销售可能会在另一家公司中失败。但是，设计理想招聘公式的流程对于每个公司都是相同的。在公司发展过程中尽早地设计此公式，对确保团队仅雇用最有可能创造最佳业绩的销售人员至关重要。我还提供了一个实际的例子，分享了HubSpot销售业绩最佳的人所拥有的共同特质，解释了我是如何得出这个结论，并且如何始终如一地利用这些特质来评估求职者的。

第二部分介绍了销售培训公式。你将了解为什么"以老带新"的培训方法，也就是让高绩效人才带着新员工工作一个月的方法，是非常危险的。我概述了如何通过找准三个基本要素（买方流程、销售流程、评估矩阵）来扩大销售培训的规模，以及如何利用考试和认证来确保培训效果的可预测性。我还提供了一个蓝本，用来说明如何培养一个能够让潜在客户愿意与之互动的销售人员。在如今的买方环境下，以客户为中心的销售团队将完胜以自我为中心的竞争对手。

第三部分介绍了销售管理公式。我希望把"销售经理"重新命名为"销售教练"。我认为有效的销售教练辅导才是销售的最大驱动力。所有销售经理都应把大部分时间投入到辅导中去。对于一位新销售经理来说，一个常犯的错误就是不停地追着销售人员要销售反馈、审查销售进度，特别是对新加入公司的员工。我手下最高效的经理们就避免了这种反复轰炸销售人员的错误。他们定制了一套方案来反复强化员工的某些特定技能。我鼓励HubSpot的销售经理用指标去衡量每个销售人员最大的技能缺陷，我称其为"量化驱动的销售辅导"，这个主题我曾在很多演讲中介绍过。我会说明如何建立量化驱动的销售辅导的文化，利用指标找出技能缺陷，并且通过竞赛和薪酬设计来激励员工做出我们想要的动作。

第四部分介绍了需求生成公式。互联网完全改变了企业研究产品和服务的方式。在如今的市场竞争环境中，客户可以获得近乎完美的信息，然后根据需求找到产品。他们可以在谷歌进行简单搜索，可以参与社交媒体讨论，将一切掌控在自己手中。HubSpot 也意识到了这一转变，并重新设计了"需求生成公式"以适应这一转变。在这一部分，我会说明 HubSpot 是如何构造符合当下买方行为的需求生成公式，并得到每月 5 万多个集客式销售线索的。你还会学到 HubSpot 是如何利用自己的《销售和市场营销服务水平协议》，采取量化的方法协调销售和营销部门的工作的。

第五部分讨论了技术和实验方法。在过去的几十年中，商界在财务预算管理、人力资源管理、IT 数据管理，以及销售预测管理方面取得了许多进步。但是在很大程度上，销售人员被技术进步所忽略，迄今为止还没有什么技术能够切实帮助一线销售人员。实际上，在某些情况下，用于管理销售团队的技术工具甚至降低了销售人员的效率。在 HubSpot，我们努力用技术帮助员工更快、更好地做销售，通过使销售人员从客户视角了解买方环境和购买兴趣，帮助他们为客户提供更好的购买体验。我们的销售人员能够在最合适的时间以最有效的方式吸引买家。这些技术简化了销售人员每天的流程，从而消除了不必要的事务性工作，并最大程度地缩短了销售时间。

在这部分，你还会了解到在整个销售规模扩大的同时进行实验的重要性。通过创意产生、开展测试、反思和迭代的系列操作，这些实验的结果不断地优化我们的销售流程。我会提供一些我们的成功案例来说明进行销售实验的最佳实践。

企业家、销售管理者和投资人都希望将他们的出色创意变成下一个收入达 1 亿美元的业务。通常而言，他们面临的最大挑战就是扩大销售。他们总是渴望一张指向成功的蓝图，最终却没能找到它。为什么？因为在传统意义上，销售被称为"艺术"，而不是科学，连大学都没有"销售"专业。很多人甚至质疑是不是根本就没有培训销售人员的方法。高管和企业家常常对此感到无助和绝望。

《销售加速公式》这本书完全改变了上述情形。在当今的数字世界中，每个动作都被记录下来，海量数据唾手可得，建立销售团队也不再仅仅是一种艺术。用对了方法论，销售也是可以预测的。

这样的公式确实存在。

马克·罗伯格

致 谢

本书内容因受到以下人士的启发、指导和支持才得以完成。我所做的只是聆听了他们的智慧。

感谢布莱恩·哈根利和达迈石·沙给我提供了在 HubSpot 的工作机会，并激励我不断进行突破常规的思考。

感谢我的第一批战友：Peter Caputa, Jeetu Mahtani, Dan Tyre, Heidi Carlson, Andrew Quinn, Brian Thorne, Phil Harrell, Leslie Mitchell 和 Joe Sharron。我的主要工作其实就是每天找到比我更优秀的人，聘用他们并向他们学习。感谢你们帮我完成这个任务。

感谢我们的 CMO 和我的 "销售营销" 合作伙伴 Mike Volpe。他和他的团队所做的需求生成创新是我们收入加速的主要推动力。

感谢我的导师和教练 John McMahon、David Skok、Ric Jonas，他们帮助我度过了这一旅程中最具挑战性的时刻。

感谢 Will Morel 帮我使本书中的文字栩栩如生。

感谢 Jill Konrath、Neil Rackham、Dave Kerpen 和 David Meerman Scott 启发我写作这本书，并在整个过程中为我提供建议。

感谢我的父母用他们的智慧在我的销售工作和生活中给予支持。

感谢我的祖父母,他们让我很早就意识到,接受高等教育和追求个人所热爱的事业在他们那个年代并不是人人都有的机会。我发誓要好好珍惜自己得到的这些来之不易的机会,并且要让他们感到自豪。

最后,感谢我的妻子 Robin 和我的两个儿子 Kai 和 Zane,他们是我的挚爱,也是我愿意每天为之努力的人和我的动力。

目 录

— THE SALES ACCELERATION FORMULA —

赞誉
原书推荐序
推荐序
译者序
前言
致谢

第一部分 ｜ 销售招聘公式

第一章	发掘销售人员的成功特质	002
第二章	优秀销售人员的五个特质及其面试技巧	009
	可培养潜力	010
	好奇心	013
	先前的成功	016
	智力	017
	敬业精神	019
第三章	找到最好的销售人员	021
	在公司内建立招聘代理机构	022

在领英上寻找高质量的被动型销售候选人	024
通过自己的团队寻找高质量被动型销售候选人:"强制推荐"	028
了解你所在地区的销售人才库	029

第四章　理想的首位销售人员招聘　　031

第二部分 ｜ 销售培训公式

第五章　制定可预测的销售培训体系　　040

定义销售方法论的三个要素:买方流程、销售流程和评估矩阵	043
围绕销售方法论制定培训课程	045
增加销售培训公式的可预测性	046
不断迭代销售流程	049

第六章　打造受买方信任的好销售　　051

培训你的销售员,让他们体验潜在客户的日常工作	052
让你的销售人员通过社交媒体在潜在客户之中建立自己的品牌	053

第三部分 ｜ 销售管理公式

第七章　量化驱动的销售辅导制度　　060

在组织内部全面推行销售辅导文化	061
与销售人员一起制订辅导计划	062
通过量化指标进行问题诊断并制订辅导计划的案例	064
"剥洋葱"式分析法	068
衡量辅导成果	069

第八章　销售薪酬方案与竞赛带来的激励　　071

评估薪酬方案的标准	075
让销售团队参与设计薪酬方案	076

　　　　量化晋升等级：避免晋升和薪酬调整的主观性　　　　077
　　　　用销售竞赛激励团队　　　　079
　　　　我举办过的最成功的竞赛　　　　081

第九章　培养销售领导——"内部提拔"文化的优势　　　　083
　　　　评估领导力的先决条件　　　　088
　　　　从教室到现实　　　　089
　　　　新晋销售经理的共同难题　　　　090

第四部分　｜　需求生成公式

第十章　翻转需求生成公式——让买家主动找上门　　　　096
　　　　如何让你的企业在谷歌搜索排名中名列前茅　　　　098
　　　　罗马不是一天建成的　　　　100
　　　　打造内容制作流水线　　　　100
　　　　用社交媒体辅助内容产出　　　　104
　　　　长尾理论　　　　105

第十一章　将销售线索转化为收入　　　　109
　　　　市场部门在将销售线索转化为收入过程中的角色　　　　109
　　　　销售部门在将销售线索转化为收入过程中的角色　　　　118

第十二章　利用服务水平协议（SLA）协调销售部门和市场部门　　　　128
　　　　市场部门的服务水平协议（SLA）　　　　129
　　　　销售部门的服务水平协议（SLA）　　　　133

第五部分　｜　技术与实验方法

第十三章　用技术实现更快、更好的销售　　　　140
　　　　用技术加速获取销售线索　　　　141

	用技术加速挖掘潜在客户	144
	用技术促进与潜在客户的互动	146
	通过技术实现自动汇报	148
第十四章	推行成功的销售实验	150
	普遍发掘实验创意	151
	执行实验的最佳实践	153
第十五章	HubSpot 最成功的销售实验	155
	HubSpot 增值经销商计划	155
	GPCT 评估矩阵	157
第十六章	结论：我们如何运用本书中的知识	162

第一部分

销售招聘公式

THE SALES
ACCELERATION
FORMULA

THE SALES
ACCELERATION
FORMULA

第一章

发掘销售人员的成功特质

世界一流的销售招聘体系是销售成功最重要的驱动因素。

当你想要扩大销售团队时，会发现有太多事情要做。招聘、培训、辅导、商机回顾、销量预测、大客户交易支持、领导力培养和跨职能沟通都将成为你日常工作的一部分。需要你紧急"救火"的各种问题会不断出现，然而你的资源有限，只能选取一部分问题进行优先处理。能否选对需要优先处理的问题，可能会决定最终的成败。

这就是我在2007年遇到的情况。当时我加入了总部位于马萨诸塞州剑桥市的HubSpot，一家主营市场营销软件的初创公司。我是第四个加入公司的人，也是公司的第一位销售人员。加入的第一个月我就为公司带来了23个新客户。显然我们的产品找准了市场需求，可以干一番大事业，是时候加速销售进程、扩大业务规模了。

我花了大量精力去做团队扩张计划，也很清楚整个扩张过程中每一个环节都做到完美会是什么状态。不过，和其他初创企业一样，我们的资金和资源非常有限，若想事事都做到世界一流水平，那我们的努力程度也必须达到世界一流水平，这就意味着每周的工作时间需要达到150小时。然而我每周最多只能工作80小时，因此我必须抄近道，精减我的工作内容，至少暂时是这样。如果我只能在一件事情上达到世界一流水平，那么这件事应该是什么？我应该优先解决什么问题？

我的首要选择是：建立世界一流的销售招聘体系。

到今天我都很庆幸自己优先选择了提高销售招聘标准。因为我知道，即使我在培训、管理、辅导和销量预测等方面做得再好，也不足以拯救一支平庸的销售团队。从另一个角度来看，好的销售团队在任何情况下都能找到取胜的方法。

我发现很多管理者往往做不到坚持高标准招聘，他们会将精力放在拿下一个大客户、举办动员大会，或者给表现不达标的手下查漏补缺上。可当要招聘和面试自己的销售团队时，他们却总是不太上心地应付了事。他们没有意识到，创造一支顶级销售团队首先要以高标准招聘。抓住一个大客户有助于赢得一场战役，然而找到一位顶尖的销售人员（有时简称为销售员或销售），一位能在未来几年吸引数百名大客户的销售人员，将有助于赢得整场商业战争。

世界一流的销售招聘体系是销售成功最重要的驱动因素。

那么，世界一流的销售招聘体系是什么样的呢？什么样的公式能帮我识别对面坐着的是不是一位一流候选人呢？

多年来，我为HubSpot销售团队招了数百名销售人员，也为许多公司的招聘流程提过建议。过往的经验告诉我，想总结一套放之四海而皆准的"理想销售招聘公式"是不可能的。因为每一家公司都有自己独特的理想销售招聘公式。

从我的亲身经历来看，我早期招的一些员工通常在他们的上一家公司表现得非常好。我为了能招到他们用了非常激进的手段：午餐、晚餐，形影不离，步步紧逼。我向他们展示了为什么 HubSpot 会成为波士顿的下一个巨头，我甚至成功说服了其中一些人加入 HubSpot。他们都是数百名销售人员中的佼佼者，怎么可能有问题？

你可能猜到了，这些人在 HubSpot 并没有都成为顶级销售。发生了什么？为什么我的计划行不通？

我开始意识到每个销售人员都有自己独特的优势。有些人是优秀的顾问式销售员，有些人可以超额完成任务，有些人能做非常出色的产品演示，有些人善于社交，而有些人则懂得如何让客户把他们当成家人一样看待。

同样地，每个公司都有自己独特的销售场景。有的公司把产品卖给营销人员，有的公司专门面向 IT 专员，有的公司的销售是流程化的，而有的则更复杂或更依赖于关系。

当销售人员的优势与公司的销售场景相匹配时，一切顺利。但如果不是，工作就会很艰难。

很不幸，我招募的第一批员工就属于后者。

他们中有的人是高强度工作型，懂得如何日复一日地打电话给客户。这些人来自销售工作高度流程化的公司，善于在具备成熟定价体系的成熟市场中开展业务。这种公司的销售场景非常适合他们高强度工作的特质。然而，2007 年 HubSpot 面对的销售场景并非如此。以下例子在 HubSpot 第一年的电话销售中很常见。

【销售员山姆】"你好皮特，我是 HubSpot 的山姆。我注意到你在我们的网站上留言希望得到更多的产品信息，请问你有什么具体问题吗？"

【潜在客户皮特】"是吗？对不起，我不记得了。HubSpot 是什么公司？"

【销售员山姆】"我们是一家提供集客式营销（inbound marketing）软件服务的公司。"

【潜在客户皮特】"什么是集客式营销？"

【销售员山姆】"集客式营销能够帮助你吸引用户访问你的网站，并将这些访客变成你公司的潜在销售线索。"

【潜在客户皮特】"嗯……这是如何运作的？"

诸如此类……

这是一次传教式的销售，因为公司的价值定位尚不明确，品牌也尚未建立，需要对市场进行大量的教育。很不幸，这些行动导向的销售人员虽然来自知名公司，在上一个工作岗位上表现出色，却不太了解 HubSpot 的价值定位，也没有掌握在我们所处的市场环境中所需要的技能。

我意识到，在我们公司，销售人员还需要某种独特的品质才能成为最佳销售。我要弄清楚究竟什么样的销售人员才适合我们公司。我需要设计一个理想的销售招聘公式，虽然公式本身不是通用的，但设计公式的过程是所有公司都可以借鉴的。

> 每个公司的理想销售招聘公式都不相同，但是设计公式的过程却是相同的。

以下就是我设计公式的过程。

第一步：建立一套理想销售特质的理论

首先，我列出了我认为与成功的销售相关的特质，并给每个特质都下了一个清晰的定义，比如我所说的"智力"具体指什么，"进取"是什么意思。我希望对求职者的每个特质从 1 到 10 进行评分。因此对每个特质还要定义"1""5""10"这样的分数分别意味着什么。每位求职者的面试计分卡上都会算出一个总分。

第二步：确定一个评估各个特质的面试策略

定义了要寻找的特质，我需要制订一个用来评估求职者每个特质表现的具体方案：我该问什么问题？需要用到销售角色扮演吗？面试前应该给求职者练习的机会吗？该如何利用背景调查呢？

第三步：根据理想销售特质对求职者进行评分

在 HubSpot 成立之初，我只是在每次面试后都填写计分卡。我用 Excel 处理数据（我们还是一家初创公司，还是要接地气一点）。评估过程并不复杂，也没有什么技术含量，关键在于坚持按照标准评分。我不断记录自己的发现和收获，并据此不断调整方法。

第四步：在销售招聘公式设计过程中学习和迭代模型

几个月内，我就招到了一些销售人员。他们中的大部分人做得很好，少数几个人的进度比别人慢。我严格遵循第三步中的评分标准，并从第一批员工招聘过程中汲取经验，逐渐摸索适合我们的招聘标准，总体情况还比较乐观。那时，我已经可以开始着手设计公司的销售招聘公式了，我只需要找到业绩最佳的销售员面试时的计分卡，问自己以下几个问题：

1. 这些表现最好的人都有哪些共同点？这些特质是不是 HubSpot 获得成功所必需的？一旦确定了这些特质是必需的，我就会增加它们的权重。

2. 哪些特质看起来无关紧要？哪些特质并不能预测销售员的最终成功？我要减少这些特质的权重，甚至将其从计分卡中剔除。

3. 我有没有漏掉什么？我还要突破计分卡的局限，反思这些最佳员工的特点。他们身上是否还存在其他共性的且有意义的特质？如果有，就要把这些特质添加到面试计分卡中，并开始评估和迭代。

我对表现较差的销售人员重复了同样的过程。随着我对面试计分卡的不断调整，销售招聘公式也在逐渐成形。

你看，整个过程并不需要招聘大批的销售人员，仅仅通过两三轮销售人员招聘就能让结果很有说服力。但如果你真的致力于追求 1 亿美元的销售额，那么只做两三轮销售人员招聘肯定还不够。在业务开展的初期投入精力设计销售招聘公式，你就可以在业务规模扩大时得到更可观的回报。

一旦开始快速地招聘大量销售人员，事情就会变得有趣起来。这也是我最喜欢的部分。

招聘工作启动一年后，我积累了足够多的数据来进行正式的回归分析，从而确定招聘时所考查的各项特质与销售成功之间的相关性，以消除销售招聘公式中的很多主观因素。统计数据是你的朋友，它们从不说谎。

我第一个模型的结果如图1-1所示。

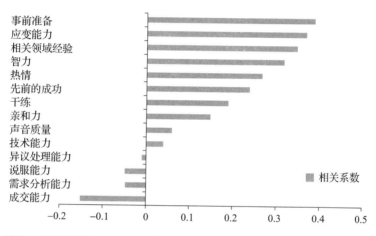

图1-1 销售人员的特质与HubSpot销售成功之间的相关系数（第一次回归分析的结果）

最初看到这些结果时，我就发现了一个有趣的现象：传统意义上与销售人员成功相关的特质，比如异议处理能力，与HubSpot的成功销售之间的相关系数反而很低。

为什么会这样呢？

我认为互联网的兴起实现了从卖方到买方的主动权的转移，而我的发现正是对该现象的统计证明。随着主动权的转移，买家不会再容忍被强迫着进行交易，他们更喜欢聪明、有帮助并且尊重自己需求的销售人员。

数据表明面对现在更强势的买方，聪明、有帮助的销售人员，比那些过于进取和高压式的销售人员更容易成功。

我们一直在努力完善适合 HubSpot 买方环境的理想招聘公式。每过半年到一年，团队会重新进行一次回归分析。这种持续的分析使我们既能够不断增加随着团队扩展而收集到的新数据，也能让我们把客户因产品迭代、偏好转变、竞争格局变动等所产生的各种潜在变化考虑进去。下一章中，我会展示经过多年迭代后得出的招聘公式。

一个理想的招聘公式不但在扩大团队规模时给了我极大的安全感，还给未来的招聘经理提供了很好的蓝本做参考。新的招聘经理不需要在黑暗中摸索就可以立即准确地了解他所需要寻找的特质及其对应的评估方法。

总　结

- 世界一流的销售招聘体系是销售成功最重要的驱动因素。
- 每个公司的理想销售招聘公式都不相同，但是设计公式的过程却是相同的。
- 数据表明面对现在更强势的买方，聪明、有帮助的销售人员，比那些过于进取和高压式的销售人员更容易成功。

THE SALES
ACCELERATION
FORMULA

第二章

优秀销售人员的五个特质及其面试技巧

在阅读了第一章的分析之后，你可能想知道哪些特质能够预测 HubSpot 的销售成功。

以下就是答案。

五个与销售成功最相关的特质如下：

1. 可培养潜力
2. 好奇心
3. 先前的成功
4. 智力
5. 敬业精神

完整的面试计分卡如图 2-1 所示，其权重已根据每个特质的相关性强度进行了调整。

在此，我必须提醒你一个来自第一章的教训——**每个公司的理想销售招聘公式都不相同，但是设计公式的过程却是相同的**。

以上结果仅代表了在开展分析的那段时间里，适用于 HubSpot 买方环境

HubSpot销售岗位候选人面试计分卡

候选人信息

姓名	匿名
面试日期	1/1/2012
面试官	马克·罗伯格
关键指标得分	71%
优势	【输入优势】
劣势	【输入劣势】
发展建议	【输入发展建议】

关键指标	得分	权重	加权得分	最高分
可培养潜力	8	9	72	90
好奇心	9	9	81	90
敬业精神	7	8	56	80
智力	6	8	48	80
先前的成功	4	7	28	70
热情	8	5	40	50
事前准备	8	3	24	30
应变能力	7	3	21	30
好胜心	8	3	24	30
干练	6	3	18	30
合计			412(71%)	580

图 2-1　HubSpot 销售岗位候选人面试计分卡

下的销售招聘公式。这个销售招聘公式并没有针对你的公司进行优化。实际上，即便是对 HubSpot 当前的发展阶段而言，它可能也不再是理想的选择了。尽管如此，多年来，我帮助过许多新兴公司招聘销售人员，特别是在科技领域。我相信这五大特质也将在你们公司的销售招聘公式中发挥重要作用。

接着我来分享一下如何考查求职者的这些关键特质。

可培养潜力

可培养潜力：吸收辅导并将其运用于实践的能力。

可培养潜力是在我的招聘决定中影响程度最大的因素。我回想起雇用过的大多数销售明星，可培养潜力是在面试过程中让他们真正脱颖而出的特质。评估此特质占用了我大部分的面试时间。以下是我用来评估可培养潜力的三个步骤。

第一步：以你公司所处的买方环境来建立一个角色扮演场景

在面试开始时提出一些暖场问题之后，我会与求职者进行口头角色扮演。

【招聘经理】"杰西，让我们做个角色扮演。我扮演波士顿一家安全软件初创公司的营销副总裁。该公司约有 20 名员工，营销团队很小，只有两个人。职位是营销副总裁的我作为一个销售线索进入了贵公司客户关系管理系统，并且被分配给你。查看潜在客户信息时，你看到我昨晚访问了 HubSpot 网站，而且下载了关于集客式营销的电子书。我们现在要模拟的场景是你第一次给我打电话，你的目标是做一些简单的需求发掘，并且安排一次面谈来进一步讨论我的需求。你有什么问题吗？如果没有的话，当你准备好后我们就开始吧。"

第二步：评估求职者的自我诊断能力

角色扮演完成后，我会要求求职者进行自我评估。

【招聘经理】"辛苦了，杰西。你觉得你的表现如何？"

杰西对这个问题的回答会让我对她的可培养潜力有初步了解。我想看看求职者对她自己的表现有多强的反思和分析能力。如果求职者简单地说"我做得很好"，那就不是一个很好的回答。我希望看到求职者反思并分析她自己的表现。我想听听她认为自己做得好的以及有待改进的细节。

接下来基于她的反思，我将给出自己的反馈。

【招聘经理】"非常好，杰西。我基本同意你的观点。你觉得自己可以更好地处理我提出的关于搜索引擎优化（Search engine optimization）的问题。如果我们重来一次，你觉得自己会做些什么？"

具有高度可培养潜力的求职者能够反思、自我诊断并提出其薄弱环节的改进建议。在这一点上，我会为求职者提供展示这些能力的机会。

第三步：评估求职者吸收辅导并将其运用于实践的能力

在这一点上，我将给予一些积极的辅导，以了解她是如何吸收这些反馈并将其加以运用的。吸收和运用——这两个行为代表了强大的可培养潜力。有些人甚至连吸收反馈都很困难，这可能是因为他们没有好好听我说话或者根本没意识到反馈的重要性。还有一些人吸收了这些反馈，但却很难加以运用，这可能是因为他们的适应能力较差或是在快速思维方面不够熟练。而我想雇用的是那些既能吸收又能运用的求职者。

【招聘经理】"杰西，在每次面试中，我都会给你一个积极的反馈和一个需要你改进的地方。"

这两方面的内容都十分重要。如果我只提需要改进的地方，求职者可能会认为自己搞砸了面试。这会让她对我感到害怕，导致我无法评估她真正的实力。通过给予一些积极的反馈，我能让自己看起来更温和，在听到一点赞美之后，求职者可能感觉更加自在，表现也会更接近她的实际水平。

【招聘经理】"我觉得你在一开始建立关系的阶段表现得很好。我很喜欢你通过说起自己小时候参观里格利公园的经历来破冰，这样可以很快地跟客户建立联系。但你在了解潜在客户的目标方面做得不够深入，希望后续有所改进。让我来教你 HubSpot 是如何深度挖掘客户目标的……"

接着我会开始辅导求职者。我通常会借助白板，并在此过程中密切观察求职者。她是目光呆滞地神游呢，还是在做笔记并提出很好的问题呢？

几分钟后，我会问她这个过程听起来是否合理，然后要求她再做一次角色扮演，让她尝试去运用我刚刚提供给她的一些建议。

大多数人第二遍都做得很差。他们的脑袋在连轴转：能否得到这份工作全系于此。公司的销售副总裁正坐在他们面前，他们刚刚得到了我的指导，必须立即加以运用。在这种情况下，我需要看到的是他们所做的努力，而不是完美的结果。

在担任 HubSpot 销售主管的六年中，我进行了 1000 多次面试。在我所面试的求职者中，也许只有 5 个人能出色完成第二次角色扮演。那些表现出色的人最终也成了我们公司的销售明星。

你能从中学到什么呢？不要指望看到求职者完美的表现，而是要看到他付出的努力。但如果你看到了表现完美的求职者，那就一定要不惜一切代价雇用他！你刚刚跟这位求职者相处了 10 分钟，就在短时间内见证了他明显的进步。想象一下，在一天、一周、一个月后，他可以取得多大的进步！

可培养潜力：能够吸收辅导并将其运用于实践的能力。

好奇心

好奇心：通过有效提问和倾听来理解潜在客户需求的能力。

我曾在麻省理工学院、哈佛大学和美国其他顶级大学教授过几门关于销售的课程。我最喜欢的上课方式之一是问学生："什么造就了一名出色的销售员？"无论是何种场合何种观众，我最常听到答案都是："积极进取""有说服力""表达出色""渴望赚钱"。

没人给出我想要的答案。优秀的销售有着天然的好奇心。他们会提出好的问题，会用心聆听并探索客户关心的重点。

优秀的销售人员不会用质问的方式提问，而是会让潜在客户觉得他们是真的对此感兴趣。毕竟，对于那些真正优秀的销售人员来说，他们也的确真的对客户的回答感兴趣。

优秀的销售人员会通过他们提出的问题来教育潜在客户。他们的问题往往发人深省而且引起客户反思："你知道，以前没有人问过我这个。现在我倒觉得……"

优秀的销售人员会迅速建立信任，这样他们就可以提出一些与个人有关的问题并且得到客户真诚的回答。

优秀的销售人员可以通过策略性的提问来理解客户的目标、抱负、担忧和挣扎。

学生经常问我："马克，我要如何准备，才能在销售方面成为一个佼佼者？"我的建议如下：下次你在婚礼招待会、学校社交活动或周五晚上聚会之类的场合，去找一个陌生人问他们问题吧。看看你可以向一个陌生人提多少问题而不需要谈到任何跟你自己有关的事。如果这个陌生人因为觉得你在故意打听消息而结束了对话，那你就需要更多的练习。如果这个人走了，但觉得，"哇，刚才跟我聊天的人真聪明、真有趣"，那么你就可以成为一名出色的销售员。

那么，我们该如何测试求职者的好奇心呢？面试过程涉及很多方面，但我将重点介绍两个特别重要的测试。

第一个好奇心测试发生在我在大厅遇到求职者的时候。我说："你好，杰西。我叫马克·罗伯格。感谢你今天的光临。"

求职者是否用一个问题开启她的对话？求职者会问我一天都做了什么吗？求职者是否研究了我的背景，她是否会借此机会来说出她研究过程中的发现？根据我的回答，求职者有没有接着提一些聪明的、开放式的问题来了解更多信息呢？如果求职者做到了这些，那么这对我和她来说都是一个好的开端。

第二个好奇心测试发生在角色扮演的时候。我会继续用在"可培养潜力"部分用过的角色进行情景扮演。

【市场经理】"你好，我是马克。"

【求职者】"你好，马克。我是 HubSpot 的杰西。你现在方便讲话吗？"

【市场经理】"我可以给你一分钟的时间。"

【求职者】"好的，不知道你有没有听说过 HubSpot？我们提供一个一站式的营销平台，可以帮助公司提高在网上的曝光率，并且把网站的访问者转化为你的客户。我们已经与你所在行业的 X 和 Y 公司开展了合作。我打电话来是想看看你有没有意愿花 10 分钟时间来评估一下贵公司的网上曝光程度。"

这个表现太差了！

让我们重来一遍。这一次杰西会表现出更多的好奇心。

"叮铃铃"，电话响起。

【市场经理】"你好，我是马克。"

【求职者】"你好，马克。我是 HubSpot 的杰西。你现在方便讲话吗？"

【市场经理】"我可以给你一分钟的时间。"

【求职者】"我注意到你下载了一本介绍如何在 Facebook 上吸引潜在客户的电子书。你对通过 Facebook 做营销有什么具体疑问吗？"

问得很好！

【市场经理】"哦天呐，嗯……我只是在查一些资料，我想找一些有关 B2B 公司成功地把 Facebook 用于商业用途的案例。"

【求职者】"我很高兴和你分享一些成功案例。你之前在 Facebook 上做过什么营销活动吗？"

问得很好！

【市场经理】"做过。"

【求职者】"效果怎么样？"

问得很好！

【市场经理】"还行。"

【求职者】"'还行'具体指的是？"

问得很好！

【市场经理】"好吧，我们确实通过营销活动收到了很多新邮件。但很遗憾，我觉得被吸引过来的人不是我们真正想服务的人。"

【求职者】"这样啊，那你们的服务是针对哪类人群？而 Facebook 的营销活动又吸引了什么样的人呢？"

问得很好！

求职者有没有通过提问题来引导整场对话呢？还是像我们业内常说的，一上来就自说自话滔滔不绝？

求职者有没有着重就潜在客户所在的领域进行针对性提问呢？还是只用电梯推销（elevator pitch）一类的公司介绍让潜在客户感到无聊呢？

好奇心：通过有效提问和倾听来理解潜在客户需求的能力。

先前的成功

先前的成功：业绩突出或者成就卓越的过往表现。

先前的成功可能是最容易评估的特质，如果求职者之前在一个有一定规模的销售团队中工作过的话就更是如此。这是五大特质中最能被客观衡量的。

【招聘经理】"我注意到你的上一份工作是客户经理。你之前就职的公司有多少位客户经理呢？"

【求职者】"125 位。"

【招聘经理】"你在这 125 位客户经理中的排名如何？"

【求职者】"排名第六"。

【招聘经理】"哇，听起来很厉害！这个排名的考核指标是什么？合同额还是销售额？"

【求职者】"合同额。"

【招聘经理】"这是上一季度的排名还是去年全年的排名?"

【求职者】"去年全年。"

【招聘经理】"很好。你有什么办法能够证实你刚刚说的这些业绩表现吗?"

【求职者】"当然有。"

我想找的是业绩表现前 10% 的人才。如果求职者不在这个范围内,那么他就必须在其他关键特质上表现得非常好,才能获得 HubSpot 的录用书。

如果求职者之前并非就职于一个有规模的销售团队,或者之前做的根本就不是销售工作的话,评估先前的成功会更艰难。在这些情况下,我会评估求职者在生活的其他方面所取得的成功。求职者在学校的学习成绩如何?他的班级排名是多少?求职者的标准化考试成绩是多少?求职者在大学运动队中表现出色吗?是球队的队长吗?是否曾为赢得一场重要比赛做出了突出贡献?求职者是不是学生组织或者某个课外团体的领导?如果求职者之前从事的不是销售工作,那么在之前的工作中把他和其同事区别开来的特点又是什么?是什么让他与众不同?

在 HubSpot 团队中,我们有一位奥运会金牌得主,有一位来自波特兰交响乐团的大提琴演奏家,还有一位曾在幽默电视频道表演过的喜剧演员。这些人以非凡的活力追求生活中的激情,他们也是我们销售团队中表现最出色的一批人。这样的人会把同样的激情和竞争动力带到他们的销售工作中。

先前的成功:业绩突出或者成就卓越的过往表现。

智力

智力:快速学习复杂概念,并且能够用简单易懂的语言解释这些概念。

并不是所有销售团队都需要聪明的销售人员。例如在一个相对标准化的买方环境中，我敢打赌敬业精神比智力更能预示成功。但是在 HubSpot 所处的买方环境中，智力被证明是与销售成功更相关的预测指标。回想起来，智力确实是一个关键的特质，因为当时我们所在的行业正处于飞速发展阶段。举个例子，在我们刚刚开始销售 HubSpot 时，推特还只是一个诞生于车库的小项目，而仅仅七年后，它就已经成了价值 250 亿美元的科技巨头，这应该能够让你体会到这个行业在 20 世纪第一个 10 年后期的发展速度。在行业逐渐成形的过程中，销售人员必须做到与时俱进。他们需要了解新概念，并准确地告诉目标客户这些概念会对他们的最佳营销策略产生什么影响。因为大多数初创公司都处在快速发展的行业中，我认为智力在其所处买方环境中也将同样是销售成功的预测指标。

我在面试中通过 HubSpot 的销售训练来有效地测试求职者的智力。我会在面试初期就向求职者展示很多新信息，接着观察他们吸收这些信息并在面试后期与我交流这些信息的能力。

例如，我会在第一轮电话面试之后给求职者发去一些介绍集客式营销、搜索引擎优化和社交媒体概念的培训材料。我会让她在下次面试之前先学习这些材料，然后我一定会在下一次角色扮演面试中提到这些材料的内容。

下面是一份智力和记忆力测试的示例：

【马克】"杰西，我看你们的网站上说你们提供搜索引擎优化服务。我一直想了解如何提高我的公司在谷歌搜索中的排名，你能介绍一下我该怎么做吗？"

她的回答能让我对她的智力有一个初步的了解。再重申一遍，我在这里想要了解两件事：首先，她对我给她的概念的理解程度如何？其次，她如何简单地将这些概念解释给我听？我会一直问问题，直到她答不上来，我能对某个话题问得越深入，就意味着她的表现越好。

智力：快速学习复杂概念，并且能够用简单易懂的语言解释这些概念。

敬业精神

敬业精神：能够在日常工作中保持精力充沛的状态，积极地完成公司的使命。

敬业精神可能是最难评估的特质之一。下面是我用来了解每个求职者敬业精神的三种方法。

1. 面试过程中的观察：仅通过观察面试过程中求职者的举止和行为，就可以了解到很多东西，对评估敬业精神来说尤其如此。她回电话的速度有多快？她完成交代的任务（比如填简历、测试或面试反馈）的速度有多快？是由她来主导面试，还是由我们来主导面试？所有这些观察结果都能为了解求职者的敬业精神提供参考。

2. 背景调查：与求职者的前主管或同事的交流是了解求职者敬业精神的好机会。不要问"求职者工作努力吗"这样的问题，而是要问："如果用四个词来描述求职者的特质，可培养潜力、好奇心、智力和敬业精神，你能为这位求职者在这些特质方面的表现从最好到最差进行排序吗？你为什么会做出这样的排序呢？"

3. 行为问题：我经常使用行为问题来了解求职者履行职责的严格程度。例如，我会问："请告诉我你在每天或者每周的工作中都会做些什么？其中必须要做的事是什么？"

敬业精神：能够在日常工作中保持精力充沛的状态，积极地完成公司的使命。

总　结

不同的买方环境有不同的销售招聘公式。对 HubSpot 所处的买方环境而言，与销售成功最相关的特质有五个。它们分别是：

1. 可培养潜力：能够吸收辅导并将其运用于实践的能力。

2. 好奇心：通过有效提问和倾听来理解潜在客户需求的能力。

3. 先前的成功：业绩突出或者成就卓越的过往表现。

4. 智力：快速学习复杂概念，并且能够用简单易懂的语言解释这些概念。

5. 敬业精神：能够在日常工作中保持精力充沛的状态，积极地完成公司的使命。

THE SALES
ACCELERATION
FORMULA

第三章

找到最好的销售人员

现在，你应该对如何用最好的方式为你的销售团队评估求职者有了一些大致的想法。我也希望这就是建立一支高绩效团队最困难的环节，可惜事实并非如此。

招聘环节最艰难的部分其实是找到那些优秀的销售人员，并让他们来参加你的面试。寻找优秀的潜在候选人需要花费大量的时间和精力，但这确实是至关重要的一步。

让我们回到2007年9月我们刚开始扩张团队的时候。我做了什么呢？我在我能找到的所有求职板块发布了招聘广告，接着收到了来自各色各样求职者的几百份申请。我大概做了五十场电话面试和几十次现场面试，结果一个人也没有雇用。一个也没有！

那个时候，我对招聘销售人员这件事有了新的感悟。优秀的销售人员永远不需要去找工作，永远不需要写什么简历。真正优秀的销售人员永远都有着数不清的工作邀请，即使他们根本没有在考虑换工作。他们的前老板可能会每个季度打一次电话过来问："我能请你去看球赛吗？""新工作怎么样？""你还开心吗？""赚到钱了吗？""他们有没有调整你的薪酬方案？""你肯定想不到我这儿的情况有多好。""我随时欢迎你加入我的团队。"

> 优秀的销售人员永远不需要去主动找工作，寻找优秀的销售人员需要制定一种被动招聘策略。

回想我雇用的数百名销售人员，他们之中没有一个人是通过求职板块找上门来的，也没有一个人之前从未接触过销售工作。优秀的销售人员是被动的求职者，这意味着他们并不会主动地想要换工作。所以制定一种适应该人群的被动招聘策略是必要的。

在公司内建立招聘代理机构

要如何转而去使用一种被动招聘策略呢？难道仅仅是请一家猎头机构那么简单吗？

这是我一开始的做法。在第一年中，我与大约10家猎头机构展开了合作。虽然有些机构比另一些做得好点，但总体而言，结果仅能算是差强人意。当时这些猎头要求收取我们付给所雇用人员基本工资的15%到20%作为佣金。（也就是说只有雇用成功，他们才会收费。）每家机构都要求独家合作，这样才能避免同一候选人同时被多家机构接触并被介绍同一职位。我并没有听他们的，而总是一次和两到三家机构合作。如果一家机构向我介绍了一些候选人，但这些候选人并没有通过招聘的前期流程的话，我就会停止与该机构的合作，然后再换一家。

在相似的竞争对手过多的行业中，如果你发现自己对某家的产品或服务交付不满意，那么毫不迟疑地马上换一家是非常重要的。

我其实还能接受差强人意的结果。真正让我心烦的是，在这个可以说是关乎我们业务成败的关键点上，我居然需要依赖外界的资源。如果HubSpot希望我将招聘销售人员的速度提高三倍，我该怎么办？对我来说，增加合作的外部猎头数量所能带来的效果是无法被准确预测的。

这时候我得到了一个有关如何寻找销售候选人的最佳建议。

不要与外部猎头机构合作，不要去组建内部招聘团队，而是要在你的公司内建立一个招聘代理机构。

这个建议之所以明智，一方面是因为猎头机构的招聘人员工作虽然非常努力，也的确在积极地寻找那些不主动找工作的候选人（因为猎头机构往往通过以绩效为基础的可变薪酬方案来激励招聘人员，鼓励他们积极地给潜在候选人打电话去填补职位空缺），但他们不是专门为你服务的。当他们找到出色的候选人时，会第一个介绍你的公司吗？他们会只介绍你的公司吗？大概率不会。如果这些人理性且追求高收益，他们优先考虑的肯定是那些能为他们带来最高佣金的公司。

另一方面，通常来说，公司内部的招聘人员与猎头非常不同。内部招聘人员注重生活品质，工作朝九晚五，而且对主动接触自己关系网外的候选人并不太感兴趣。他们通常比猎头收入更少，而且只有基本工资，没有绩效佣金。总的来说，内部招聘人员更擅长发布招聘广告，把收到的简历发给招聘经理，并引导求职者完成招聘流程。实际上，内部招聘人员通常会聘用猎头来帮他们做主动寻找陌生的潜在候选人这样的"脏活累活"。

我收到并遵循的建议是，通过在 HubSpot 内部建立招聘代理机构来获得两全其美的结果。我找到了一位才华横溢的猎头，她正在考虑单干。于是我对她说："为什么不在 HubSpot 内部开设你的公司？"我们像与外部猎头机构合作一样支付她和她的团队工资。我们不设置固定的基本工资，而用较低的底薪外加较高的绩效奖金来提高他

不要与外部猎头机构合作，不要去组建内部招聘团队，而是要在你的公司内建立一个招聘代理机构。

们收入的上限。他们的绩效奖金取决于他们的录用率、所需时间和他们所录用人员的长期成功。

这个团队像外部猎头机构一样运作。大多数候选人都是被动发掘的。因为不允许团队成员使用任何外部机构，所以他们自己做了很多主动搜寻和社交沟通工作。这个团队评估绩效的方式跟销售团队自我评估绩效的方式类似：他们这周接触了几位外部候选人？其中建立联系的有多少人？建立联系的人中有多少最终参加了电话面试？参加电话面试的人中继续参加 HubSpot 的招聘经理面试的有多少人？最终进行了多少次面试才能雇用一个人？

现在，我有了一个可预测的、可衡量的方式来快速完成从寻找出色的销售人才，完成内部指标评估，到最终上岗的一系列流程。

在领英上寻找高质量的被动型销售候选人

基于你的公司所处的阶段，你现在可能还没有实力来组建一支招聘团队，甚至根本请不起外部招聘代理机构。我那时也是，直到我的团队有了十名销售人员后，我才被允许雇用第一位招聘专员。也就是说，寻找第一批销售候选人的重担落在了我自己肩上。

既然如此，什么办法能起效呢？寻找优质销售候选人的最好办法是什么？

事实证明，领英是可用于寻找优秀的被动型销售候选人的绝好资源。我遵循四个步骤来寻找高质量的候选人。在撰写本书时，这四个步骤都可以通过领英的免费版本来完成。

第一步：利用领英中的搜索功能来获取合格候选人列表

使用领英的高级搜索功能，我能够得到一份合格候选人的列表以便后续筛选。以下是我用来优化搜索结果的一些条件：

- **邮政编码：**显然，对我来说，所有招聘活动都集中在波士顿，因此按候选人所在地理位置进行筛选非常重要。
- **职位名称：**大多数情况下我都在寻找在职的销售人员。所以在"职位"字段中包含"销售"或"客户经理"有助于将结果锁定到已经在销售岗位的候选人。
- **学校：**请记住，"智力"是在 HubSpot 取得销售成功的一个有力指标。根据本科学校的质量进行筛选有助于将结果锁定在可能会在智力方面获得高分的候选人身上。
- **公司：**因为是在一定地域的市场中进行筛选，你应该找一些在当地拥有大型销售团队和高质量培训项目的公司任职的人。

对我而言最有效的搜索方式之一是寻找那些我认识的销售主管所在公司的前雇员。多年来，我通过提供帮助或者社交的方式认识了很多销售主管，尤其是在波士顿地区，甚至可以说其中许多人"欠我一个人情"。我要做的就是选择其中一名我认识的销售主管，在领英上搜索曾在其公司工作过但后来离职的销售人员。

在 15 分钟之内，我就能生成一份曾经为她工作的人的完整名单。然后我会用电子邮件把这个列表发送给她，并询问她是否认为其中某个人会成为一位出色的销售员。在 99% 的情况下，我认识的这位销售负责人都会很乐意地推荐她认为值得后续跟进的候选人名单。而且通常情况下，一旦这些销售负责人知道我们正在寻找的销售人员的类型，他们甚至还会推荐很多其他的候选人。

第二步：利用候选人领英个人资料中的详细信息来筛选搜索结果

我可以从候选人的个人资料中了解很多东西。简短的筛选就能帮助我将寻找工作重点放在素质最高的人员身上。我在候选人资料中寻找的关键要素是：

- **卓越的销售指标**。其中包括团队排名、持续达成业绩目标、总裁俱乐部活动参与情况等。

- **在目前所在公司的工作年限**。这一点对那些在我所知道的高绩效公司工作的候选人尤其重要。即使是业绩不佳的销售人员也可以在公司中混上一年，表现平平的可能会生存两年。但当我发现有些候选人能够在高绩效要求的环境中工作三年、四年、五年甚至更长时间时，我就知道他们很可能是高质量的候选人。

- **候选人就职的公司要与 HubSpot 所处买方环境一致**。他目前所在公司的客户是大型企业还是中小型企业？公司销售的是实物商品还是更为复杂的产品？销售流程是以长期维护客户关系为导向，还是以让客户快速进行交易为导向？这些因素有助于我评估潜在候选人的学习曲线。如果候选人目前的雇主所面临的买方环境与 HubSpot 相差较大，那他可能并不是一个好的选择。我希望找到一些不需要过多额外的培训，马上就能上手工作的人。

- **学校和专业**。正如我们讨论的那样，"智力"和"先前的成功"对我而言是销售成功的预测指标。学校质量、专业的难度和学习成绩均与这两个特质相关。老实说，我觉得最好的潜在候选人往往来自二线学校。相信我，我从麻省理工学院和哈佛大学这样的世界名校雇用了许多成功的销售人员，其中一些最终成了 HubSpot 的高管，但他们之中也有很多人逐渐对销售感到厌烦，并且想要更快的职业发展，这就超出了我们能够满足的范围。

- **领英个人资料的质量**。老实说，这对我的筛选过程影响有限。但是，一份过于简单、没有照片的个人资料对我来说是一个巨大的阻止信号。一方面，随着社交销售（social selling）变得越来越重要，社交形象不佳怎么能被接受呢？而另一方面，一张专业拍摄的照片、超过 500 个联系人以及多位高管推荐组成的档案，则可以留下非常正面的印象。虽然我不会仅仅因为一份个人资料的质量而对候选人做出过多的判断，但个人资料质量极高和极低的候选人毫无疑问都会给我留下深刻的印象。

第三步：与预先筛选的候选人接触

在确定好想要进一步接触的候选人后，我发现通过好友或同事去建立联系有巨大的优势。让双方都认识的人牵线，总能成功地联系上候选人。

二级人脉虽然用处很大，但并不总能有这个运气。对于那些与我没有共同好友的候选人，我会猜测他公司电子邮箱的格式，然后直接发电子邮件给他们。我从来没有使用过领英中的站内信功能，因为我发现候选人的电子邮箱地址显然更有价值。

下文是我发给潜在候选人的一封典型的电子邮件。在这个例子中，我要联系的人是雅虎的销售，他于几年前从波士顿学院毕业。

邮件主题：雅虎/波士顿学院

电子邮件正文：

约翰，

恭喜你所取得的成功！我是 HubSpot 销售团队的负责人。我们目前人员的数量无法满足源源不断的潜在客户需求，因此我们正在扩大团队。您的背景正好与我们团队中业绩最好的销售人员的背景相似。我想知道您认识的人中是否有背景与您相似的人正在寻找工作呢？

祝好！

马克·罗伯格

全球销售高级副总裁

手机：123-456-7890

我认为这封电子邮件写得不错，原因如下。

第一，邮件标题的内容正确。请记住，邮件主题的目的是让收件人打开电子邮件。在这种情况下，【当前雇主 / 本科学校】这样的简单邮件标题，你难道不会想去点开看吗？

第二，邮件内容简明扼要。在邮件开头，我不需要洋洋洒洒夸赞我们的产品、我们的文化或我们的团队等，这会让潜在候选人不知所云。我想用尽可能少的话让那些可能并没有在考虑换工作的候选人去思考自己是否错过了改变人生的机遇。对于我这个作者来说，我觉得他们的确正在错过好机遇。

第三，我的"请求"并不强人所难。我不打算挖人，我只想要他们推荐一些人。很显然，我想让对方本人来我的公司，但我不会直接这么说。通过不直接问出这个难以回答的问题，我接近他们的方式就显得柔和很多。收件人也不会对回复邮件或者提供帮助而感到尴尬。再说，我问的问题也是认真的，我对约翰有兴趣没错，但也同样对他那些取得过类似成就并且在找工作的朋友感兴趣。

如果邮件没有收到回复，我会在第二天再打一个电话过去。给那些从事外向销售工作的人打电话有两大好处：首先他们都有电话（有些工程师就没有），其次他们通常会接听来电，所以建立联系并不难。

通过自己的团队寻找高质量被动型销售候选人："强制推荐"

"强制推荐"是在利用领英寻找候选人的背景下使用的一种特定方法，招聘经理会利用其团队的现有网络展开搜索。到目前为止，这是我们用来寻找人才的最佳方式。当你的团队只有一两个销售人员，且成长速度不快的时候，很难采取这个办法。不过一旦你的团队开始扩张，这个办法就很有效。

强制推荐的工作原理如下：我在领英与所有销售人员（包括新员工）互相关注。入职一到两个月后，一旦他们对这个新东家感到满意，我就会要求他们推荐候选人给我。现在，这种方法已经不新鲜了，但依旧很奏效。我不会对员工说"成功推荐新人奖励2500美元"，而是会说："明天我会跟你开一个20分钟的短会。今晚我会查看你领英上的275个联系人，看看其中有没有非常适合我们团队的，且能在波士顿工作的销售人员。"第二天，

> **利用领英搜索和"强制推荐"是寻找高质量被动型候选人的好办法。**

我会拿着18个与他们有联系且符合要求的潜在候选人名单出现在会议上，然后，请他们告诉我其中哪些人业绩顶尖，以及他们是否愿意帮我做介绍。

这个办法要做的准备工作比较多，但确实非常有效。

了解你所在地区的销售人才库

我用来寻找优秀销售人员的最终策略是建立起对波士顿地区（也就是我们初始团队的所在地）销售队伍全局的深入了解。团队有多大？销售人员赚多少钱？是地区内部销售还是外部销售？怎样进行销售培训？最近的薪酬方案有没有变动？

当我在领英上寻找候选人时，我列出了在波士顿拥有内部销售团队的所有公司的清单。不久我就开始逐一面试来自这些公司的候选人。

实际上，即使有些求职者的资质平庸，我依旧会亲自面试，因为通过面试可以了解有关这家公司销售团队的更多信息。

以下是我在这些面试中提出的一些问题：

1. 公司向销售人员支付多少工资？薪酬结构是什么样的？
2. 公司所处的买方环境如何？销售流程是纯交易性的还是更复杂一些？客户是大型企业还是中小型企业？公司以推播式线索为主还是以集客式线索

为主？

3. 公司有多少位销售代表？有哪些不同的销售角色？销售团队的结构如何？

4. 公司的销售培训怎么样？有没有什么正式的销售方法论？公司是付费购买外部培训还是聘请内部全职培训人员？

5. 公司有没有什么重大变化会让业绩最好的销售人员考虑离职？如果有的话，是佣金薪酬方案有变动吗？还是领导层有变动？

6. 谁是公司业绩最好的销售员？比如，你可以问问候选人是不是公司业绩最好的销售员。如果他们说"不"，紧接着就会解释说是管辖区域的原因导致的。你可以接着询问业绩最好的销售员负责哪个区，并找到与这位最佳销售建立联系的方式。我实际上从没这么干过，但确有同行曾经成功使用过这种方法。你也可以尝试，不过风险自负。我的重点在于，通过创造性地思考收集有价值信息的方式，以便找到顶尖人才。

世界一流的销售人员招聘是撬动销售成功的最大杠杆，而寻找优秀的销售人员是招聘过程中最困难的部分。

总 结

- 优秀的销售人员永远不需要去主动找工作，找到他们需要制定一种被动招聘策略。
- 不要与外部猎头机构合作，不要组建内部招聘团队，而是要在你的公司内建立一个招聘代理机构。
- 利用领英搜索和"强制推荐"是寻找高质量被动型候选人的好办法。

第四章

理想的首位销售人员招聘

到目前为止，我们已经讲解了寻找、筛选和招聘初始销售团队的过程，但是我们还没有解决一个重要的问题。

谁应该是你雇用的第一位销售人员？

我每周都被初创企业的 CEO 问到这个问题。实际上，在过去的几年中被问得实在太多，以至于我设计了一个简单的案例，用于我在哈佛商学院、麻省理工学院和其他顶级院校的课堂教学。

让我们来假设这样一种情况：你需要招聘首位销售人员，现在总共有 4 位候选人进入了后期面试阶段。

候选人 1 号：销售高级副总裁

这位候选人有 25 年销售经验，曾经在你对标的《财富》杂志 1000 强公司任职，担任全球销售高级副总裁。他在任上带领一支 500 人的销售团队创造了 20 亿美元的年收入。

候选人 2 号：销售冠军

这位候选人在销售高级副总裁的麾下工作。他目前也在一家你对标的《财富》1000 强竞争对手中任职，并且在 500 人的销售团队中业绩排名第一。他在销售前线有 3 年的工作经验。

候选人 3 号：创业者

这位候选人刚结束 2 年的创业，她担任 CEO 的那家初创公司因资金短缺倒闭。在创业前，她在一家大公司做销售。该公司以优秀的销售基础培训而闻名。但针对你公司所处的目标市场，她缺乏相关的销售经验。

候选人 4 号：销售经理

该候选人在一家拥有庞大销售团队的大型公司工作。6 个月前，她被晋升为销售经理。她之所以获得晋升，是因为她业绩最好，并且在组建和发展自己的团队方面表现出非凡的领导潜力。不过她在向你的目标客户进行销售方面没有太多的经验。

你怎么看？你应该雇用谁来作为你的第一位销售人员呢？

好吧，当然，这 4 位候选人各有优缺点。下面我会列出我的观点，从我最不喜欢的候选人开始分析，到我最喜欢的候选人结束。

销售高级副总裁（候选人 1 号）是我最不建议的候选人。然而一些初创公司的创始人总是执着于找这样的人来担任他们的第一位销售人员。

以下是销售高级副总裁的优点：

- **强大的人脉关系**。销售高级副总裁很可能与你目标客户中的高管很熟。这层关系可能占不少优势。实际上，如果您的目标市场很窄且只有少数几位目标客户（比如本国排名前 10 位的电信公司），那么在早期招聘销售人员时，这样的销售高级副总裁就非常有吸引力。我觉得行业人脉的作用在如今的销售招聘中被高估了。通过打高尔夫和看球赛达成的交易真的有那么多吗？实际上并没有。人脉关系在筛选候选人的时候是很容易评估的维度。许多人十分看重这一点，但是基于之前提到的原因，我认为它的作用被高估了。

- **行业知识**。销售高级副总裁可能对你所面对的买方环境具有很好的直觉判断，尤其是从高管的战略角度而言。针对你所在的买方环境，他对什么是最佳的市场进入（go-to-market）策略、销售方法、价值定位等有着强大的直觉。与强大的人脉相似，行业经验也很容易评估，但其作用在销售人员招聘的过程中也被高估了。

以下是销售高级副总裁的缺点：

- **不愿亲力亲为**。我见过很多初创企业聘用的销售高级副总裁，上岗第一件事就是问："我的助手在哪里？"销售高级副总裁在过去十年中一直在学习如何指示他人去工作。要求他们转变角色挽起袖子自己干很难。
- **缺乏最新的一线经验**。销售高级副总裁可能在过去几年甚至十年内都没有直接促成过一笔交易，而你雇用的第一位销售员必须尽可能时刻位于第一线，与潜在客户做最直接的交流。
- **节奏慢**。我担心销售高级副总裁难以适应早期创业公司环境中所要求的高体力、快节奏的工作方式。

销售冠军（候选人2号）比销售高级副总裁好一些，但我认为雇用他也是不明智的。只有当公司的创始人或CEO有着销售管理背景，并愿意花费时间来适当地培训这名新员工时，这位销售冠军才可能继续在新的公司取得成功。

以下是销售冠军的优点：

在做出招聘首位销售人员的决策时，很多创始人会把领导经验和行业知识作为最重要的参考因素。不要犯这样的错误。

- **行业知识。** 与销售高级副总裁类似，销售冠军非常了解你的目标客户究竟是谁。两者的细微差别是销售冠军对客户的理解更接地气。他们知道如何与客户建立联系、如何用客户的语言去交流、如何找到客户最关心的点等。
- **世界一流的销售基本功。** 销售冠军是真正的销售员。能在大型公司中取得最高业绩，这个人必然有着天生的销售能力、强大的敬业精神和竞争意识。

以下是销售冠军的缺点：

- **在不成熟的环境中取得成功的能力。** 他目前任职的大公司，会给初入职的销售人员做数周的培训，演示整套销售模板，传授销售方法论，并提供一系列将整个流程标准化的工具。在一家初创公司，第一位销售人员需要靠自己从头建立起这一整套程序。我不确定这位销售冠军是否具备这样的能力。
- **缺乏领导经验。** 在所有候选人中，销售冠军是唯一没有领导经验的人。理想的第一位销售人员，应该能带来越来越多的雇员。如果他既有获取第一批客户的能力，又有建立一支初始团队的能力，那就太好了。

我喜欢销售经理（候选人4号）。她不是最理想的选择，但我觉得还不错。

以下是销售经理的优点：

- **愿意亲力亲为。** 与销售高级副总裁不同，她不久前还在前线奋斗。让她回到前线继续亲自上手完全没有问题。
- **领导经验。** 与销售冠军不同，作为一个新晋销售经理，她已经有了一些领导经验。她可以帮你开发出一套销售方法论，雇用新员工，落实客户关系管理（CRM）工具，并将能够指导一支8人销售团队。你应该给她机会让她证明自己能够最终成长为一名销售总监或者销售副总裁。这样一来，你就为她提供了一个能够加速她职业生涯发展的独一无二的机会。她对工作的积极性和投入程度自然不在话下。

- **先前的优异成绩**。她最近的晋升可能就是得益于她作为销售人员取得的巨大成功或者强大领导潜力。

以下是销售经理的缺点：

- **行业知识**。她还没有卖东西给你的客户的经验。正如我在对销售高级副总裁的评估中所提到的那样，与大多数人相比，我并不是非常担心候选人在行业知识方面的表现。但与销售高级副总裁和销售冠军相比，她的学习曲线会更加陡峭。
- **企业家直觉**。销售冠军也有这个缺点，但我想放在这里一起着重强调。企业家直觉是真正能区分企业家与销售经理的特质。销售经理可能会问CEO（可能就是你本人），对公司价值主张和目标客群有什么愿景。然后她可能会去找这样的客户，和你的愿景对上号，但整个过程是被动的。如果你也还没有找准产品－市场契合点（product-market fit，PMF），那她就会比较困惑了。她应当要去了解目标客户面临的最大挑战，而无须由你来告诉她。她应当要去了解目标客户是如何解决这些挑战的，并且密

> 第一位销售人员的核心价值不在于她带来的第一批客户和她创造的收益，而在于她推动公司朝向正确的产品－市场契合点加速发展的能力。

切观察对方对公司产品价值定位的真实反馈。在打完一系列电话之后，她需要有创新能力来找到其中的规律，优化公司对目标客户和价值主张的定位，促使公司朝着正确的产品–市场契合点加速发展。

创业者（候选人 3 号）是我最想要的候选人。

以下是创业者的优点：

- **企业家直觉**。在我们所讨论的全部候选人中，创业者是最有可能推动公司朝着正确的产品–市场契合点加速发展的人。实际上，这一点可能也是她本人最感兴趣的方面。考虑到公司未来发展方向的重要性，她的技能非常宝贵。她能够与潜在客户进行深入讨论，了解他们所面临的挑战和机遇、看待事物的观点以及需要优先解决的问题。在对话中，她有后退一步看清全局的企业家直觉，能帮助 CEO 和产品团队最终确定公司的模式，并了解应该把什么作为工作重心。
- **销售基础能力**。我也很高兴她已经接受了正式的销售培训，并且在大公司中积累了经验。这些基础知识应使她能够设计一套合适的销售方法论，并为后续的扩大规模做好准备。
- **领导力潜能**。她的创业经验很可能使她拥有了领导经验和能力。

以下是创业者的缺点：

- **销售管理基础**。她以前可能从未招聘或管理过销售人员。尽管存在这种弱点，但我仍打赌她有能力帮助公司渡过产品–市场契合阶段。一旦业务模式得到明确，就可以在她开始招聘和培养销售人员时对她进一步考查。
- **行业知识**。与销售经理一样，她也没有与你的目标客户打交道的经验，因此也需要一段学习的过程。

如果你正在考虑招聘你的第一批销售人员，希望这个案例能够为你的决策提供帮助。

总　结

- 在做出招聘第一位销售人员的决策时，很多创始人会把领导经验和行业知识作为最重要的参考因素。不要犯这样的错误。
- 第一位销售人员的核心价值不在于她带来的第一批客户和她创造的收益，而在于她推动公司朝向正确的产品－市场契合点加速发展的能力。

第二部分

销售培训公式

THE SALES
ACCELERATION
FORMULA

THE SALES
ACCELERATION
FORMULA

第五章

制定可预测的销售培训体系

让我来讲一个故事,假设一名叫山姆的销售员以新员工的身份加入了一家叫 ACME 的公司……

这是山姆加入 ACME 公司的第一天。他紧张又激动地来到前台,迎面走来一位高个子绅士,向他打招呼。

"欢迎来到 ACME 公司,山姆。"我是销售副总裁吉姆,他梳着光滑的背头,穿着时髦的新西装,笑容灿烂,握手有力。

"我很高兴来到这里,吉姆。"山姆的回答略带颤音,"我非常开心能够得到这次机会。"

吉姆对新员工入职第一天的紧张情绪习以为常。他一把揽住山姆,仿佛要帮他将不安从身体里赶走,"我们给你之后的几周做了很好的安排,山姆。你会从最优秀的人那里学到东西。还记得我说过的我们的销售冠军苏吗?"

"当然,我怎么会忘呢?"山姆回答。

吉姆继续说:"很好。在接下来的几周内,你要跟着苏学习,观察她打电话的方式,并且跟她一起参加与客户的面谈。接着,你会慢慢开始自己独立做事，并与她争夺销售团队的头把交椅。听上去怎么样？"

"棒极了，先生！"山姆大声回答道，"我已经等不及要开始了！"

在接下来的几周中，山姆勤恳地跟着苏工作。他旁听了苏打给潜在客户的电话，聆听他们的交谈，还跟她一起参加了很多与客户的面谈。山姆看着苏拿下一个又一个客户。他大开眼界。

可以说，苏的一些销售策略使山姆感到惊讶。她不止一次地在打电话或见面时迟到。她对潜在客户公司所做的研究也很少，完全不关心他们的战略和需要优先解决的问题。她只会围绕着自己的演示稿（pitch deck）讲话。尽管如此，潜在客户还是很喜欢她。每次开会前，他们都会笑脸相迎，亲切握手。苏常常与潜在客户私交很好，谈正事总是以孩子、假期和球赛的玩笑开场。潜在客户喜欢她，而且愿意从她那里买东西。

这些发现令山姆有些困惑。他心想："在ACME公司做销售完全就是依靠私人关系的吗？"多年来，山姆在销售上的成功都是靠着严谨的会前准备和对客户需求的深入理解来达成的。但这一切，都是ACME的销售冠军苏不在乎的。山姆对自己说："也许我只需要学习成为一名懂得维护私人关系的销售就行了？"

这种"以老带新"（ride-along）的销售培训方法在业界非常普遍。但是，我对此感到担忧，尤其在山姆的案例中。

我手下最好的销售员每个人都很出色，但原因各有不同。他们每个人都在销售流程的某个特定方面有着"超能力"。这种超能力对每个业绩顶尖的销售员来说都是不一样的。让一名新员工专门只向一个表现最好的销售员学习，会让他对理想销售流程的理解

每个顶级销售员取得成功的方式都不相同。过度倚重"以老带新"的培训方法会使新员工在工作中难以发挥个人特长。

产生局限。也就是说，新员工可能会在销售流程的某个维度上获得非常好的锻炼，但也可能会因此养成一些不良习惯。

这个虚构的故事与 HubSpot 的实际情况类似。我有两个业绩最好的销售员，姑且称他们为贝蒂和鲍勃。他们俩都是 HubSpot 销售团队的早期成员，在六年后的今天我撰写这本书时，他们仍然在前线奋斗且表现良好。在 HubSpot 快节奏的环境中，坚持工作这么长的时间并非易事。

贝蒂和鲍勃以非常不同的方式取得了同样的成功。贝蒂是我见过的最擅长与客户建立关系的人，就像前一个例子中的苏一样。她对自己的客户非常了解。通常情况下，贝蒂在产品展示进行到一半时就会与客户谈论起孩子、宠物、喜爱的食物或者音乐。她的客户喜欢她，也都从她那里买产品。在销售流程的其他方面，贝蒂的表现只能算是"普通"或者"很好"。她与客户建立融洽关系的能力就是她的"超能力"。

现在，让我们看看鲍勃。从整体销售活动来看，没有人能比鲍勃做得更好。通常，他拨打的销售电话数量比团队中的其他人多 25%。如果你某天走过鲍勃的办公桌，你会发现他的客户关系管理系统中打开着 10 个标签页。他的多任务处理能力极强，可以同时流畅地完成打电话和发邮件两件事。他的工作节奏确实非常出色。像贝蒂一样，在销售流程的其他方面，鲍勃的能力只能算是"普通"或者"很好"。但是，他的工作量使他与众不同，那就是他的"超能力"。

想象一下，如果贝蒂曾经培训过鲍勃，或者鲍勃曾经培训过贝蒂，那结果恐怕不会太好。

鲍勃会根据观察得出销售的成功全靠建立良好的私人关系这样的结论。考虑到"闲聊"并不是自己的强项，鲍勃可能会对自己能否在 HubSpot 成功产生怀疑。

相反地，贝蒂会留下成功全都依靠高强度工作这样的印象，然后得出结论:"我完了,高强度工作并不是我的强项。"

我需要一种培训方法,能够让新员工全面了解整个销售流程中最好的实操方式。这种"最佳销售实验蓝本"通常被称为"销售方法论"。我需要让我的销售人员了解这些重要知识,同时也为他们提供余地,让他们在整个过程中发挥他们自己的"超能力"。

定义销售方法论的三个要素:买方流程、销售流程和评估矩阵

设计精良的销售方法论包括三个方面:买方流程(buyer journey)、销售流程(sales process)和评估矩阵(qualifying matrix)。这三个要素构成了"最佳销售实验蓝本",成功的销售培训体系应该是围绕这个蓝本设计出来的。

定义销售方法论能够让销售培训公式变得更加可衡量、可预测。销售方法论包括以下三个方面:买方流程,销售流程和评估矩阵。

买方流程代表了客户公司在购买产品时所需要经历的一般步骤。例如,许多客户的购买流程都是从发现他想要解决的问题开始的。由此出发,客户开始尝试理解这个问题并寻找可能的解决方案。最后,他可能会列出一张潜在解决方案的清单,然后逐一考察。考察的办法可能是优先选择某种解决方案,或者做一个投资回报率分析,来考察购买某个解决方案的成本及其带来的相应利益。这些步骤都是买方流程的可能组成部分。

从买方流程开始设计销售方法论很重要。这样做可以增加客户需求始终处在整个销售流程中心的概率,也能帮助销售团队反思客户的购买流程可以被怎样加速或者简化。

HubSpot早期买方流程的示例如图5-1所示。

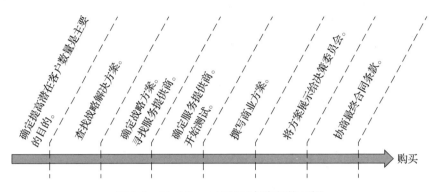

图 5-1　HubSpot 早期买方流程的示例

一旦确定了买方流程，就可以创建销售流程了。销售流程为客户的购买过程提供各种支持。例如，如果潜在客户要求获得更多有关公司产品的信息，销售人员就应将相关信息通过电子邮件发送给他。此外，销售人员应致电潜在客户，了解他的问题的更多细节。给潜在客户打电话和发送电子邮件的过程通常被称为"识别线索"，这是销售流程中的常见阶段。这样做之后，销售人员可以给部分潜在客户打"建立联系"的电话，介绍自己的公司并且开始与客户建立融洽的关系。如果"建立联系"电话成功了，潜在客户可能会同意销售人员继续给他们打"发掘需求"的电话，并阐述更多有关自己需求目标的细节。"发掘需求"电话最后可能发展成由销售人员给潜在客户做相关解决方案的演示或者产品展示。上述的每一步都是销售流程中可能存在的步骤。

在设置销售流程所包含的各个环节时，最好能使这些环节与买方流程保持一致，从而增加销售人员在整个过程中为客户提供帮助的可能性，因为客户和销售人员的节奏是同步的。如果销售流程的各个环节能够被监测也是非常好的。可监测的销售环节能够帮助销售人员和销售经理了解每个潜在机会的真实状态。例如，"决策者开始感兴趣"并不是一个适合包含在销售流程中的环节，因为它太主观了。不同的销售人员可能对此有不同的定义，而且对销售经理来说，也很难监测到某个潜在机会是否处于这个环节。"需求确认"则是一个更好的选择。到达此环节意味着销售人员已通过电子邮件将"发掘需求"电话的摘要发给了潜在客户，而且已经收到了肯定的答复。销售人员可以很容易地判断出潜在机会是否处于这个环节，管理层可以非常简单地确认这一点，客户也会感觉到跟销售人员处于同一战线，因为销售人员已经明确表示了自己非常了解客户的目标，也提出了解决方案，并且已经准备好进入后续的流程了。

最后，可以建立评估矩阵了。评估矩阵列出了潜在客户所需要的信息，以便我们了解自己是否可以帮助他们，以及他们是否需要我们的帮助。这些信息是在销售流程的不同阶段收集的。在不同的交易中，收集这些信息的顺序一般也会不同。

一个已经使用了数十年的很常见的评估矩阵是 BANT。BANT 代表"预算（budget）、权限（authority）、需求（need）和时间（timing）"。完成"预算"评估意味着销售人员已经与客户确认过，该解决方案创造的价值大于付出的成本，而且成本在预算范围之内。完成"权限"评估意味着销售人员已经与具体负责预算的人确认了预算标准。完成"需求"评估意味着销售人员已经了解了潜在客户想要达到的目标或是想要解决的问题。销售人员也需要量化客户的需求，并且了解如果方案未达预期可能带来的影响。最后，完成"时间"评估意味着销售人员已经向客户确认了其希望解决问题的具体时间。

BANT 评估矩阵有点老派，但是个不错的起点。随着你所处的买方环境的变化，你对买方环境的了解也会越来越深入，到时候你就可以将 BANT 更新为一个更适合你的评估矩阵了。你只要记住让评估标准简短且易于理解即可。

围绕销售方法论制定培训课程

确定好销售方法论之后，设置培训课程就相对简单了。按照你构造方法论的顺序逐一介绍其中的各个元素。从买方流程的培训课程开始，通过例子深入介绍客户在整个购买过程的每个阶段中可能会问的问题，帮助新员工理解客户在购买过程中每个阶段的所思所想。

买方流程培训完成后，继续进行销售流程的培训。你可以设置一门课介绍销售流程和评估矩阵，然后分别设立单独的课程来深入介绍销售流程的每个环节。比如，你可以针对"识别线索""建立联系""发掘需求"分别设置三门课程，以此类推。随着团队的扩展，特别是当课程内容与他们掌握的"超能力"息息相关时，你还可以让业绩最好的销售员来教其中的一些课程。这种方法与 ACME 公司"以老带新"的策略大不相同。这么做能使你把"超能力"和特定的培训话题结合起来。虽然你作为销售负责人已经预先批准了所教授的内容，但是你把这些工作委派给那些业绩顶尖的销售人员，他们也会因此感激你提供的职业发展机会。

HubSpot 早期销售培训课程表的范例如图 5-2 所示。

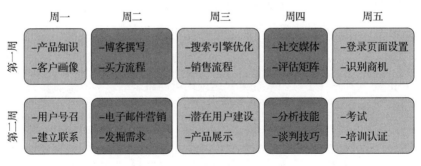

图 5-2　销售培训课程表范例

增加销售培训公式的可预测性

我对传统的"以老带新"的销售培训方法还有另一个担忧。

如果我招聘新销售员的速度不得不加快怎么办？每个业绩顶尖的销售员需要带多少个新员工呢？这些新员工会不会干扰他们的工作呢？我怎样才能量

化地评判"以老带新"的培训成果呢？我该如何旁听培训并且不断改进它呢？

我需要的是一个可以衡量效果的销售培训体系，一个可以用科学的方法不断迭代的销售培训公式。

因此，我在培训过程中添加了考试和多项认证。考试的重点是事实信息，比如产品知识。新员工在培训结束后会参加由100道题组成的考试，以确保他们在结束培训后能够对公司的产品有足够的了解。考试的安排会让人倍感压力，新员工会像准备大学期末考一样，填鸭式地死记硬背。在某些情况下，个别人会因为考试成绩不佳而被解雇。所以毋庸置疑，这些考试并不是闹着玩的。

> "以老带新"的销售培训策略既无法大规模应用，也难以进行预测。

与考试相反，认证通常用于考查学员定性方面的技能，比如是否具有熟练应对销售流程中特定阶段的能力。例如，为了在培训中达标，新员工需要通过"发掘需求"阶段的技能认证。假设一家潜在客户已经进入了销售流程的"发掘需求"阶段，新员工需要和销售培训师一起进行角色扮演，打一个"发掘需求"的电话给潜在客户。

学员完成角色扮演之后，销售培训师会填写一份评估学员在该阶段表现的认证表。我们想在"发掘需求"阶段的角色扮演中观察学员的一些能力，比如采用开放式问题开始一段对话的能力、倾听潜在客户并发现其兴趣点的能力以及完成评估矩阵所涉及内容的能力。认证表上的小标题清晰明了地列出了待考察的行为以及1分、5分、7分和10分的对应评分标准。销售培训师不仅仅会说"这里做得很好，那里做得不好"，还能通过认证过程使得所有的结果都被量化。公平起见，我们会提前和学员分享认证设计原理，以便他们有清晰的预期。

> 考试和认证增加了销售培训公式的可预测性，也提供了一个可以在后续不断从中学习和迭代此公式的平台。

非常重要的一点是，角色扮演的评估者（在刚才的情况下也就是销售培训师）不应该是该学员的招聘经理。因为招聘经理是做出雇用该学员决定的人，让他们来对学员进行评估，就会产生利益冲突。幸运的是，销售培训师不会受到类似偏见的影响。销售培训师的责任是确保公司能够准确地了解经过培训的每个学员的表现。只要避免了直接利益冲突，招聘经理就会非常愿意与新员工在培训早期即进行接洽，帮助他们高分通过认证。因为最终评估不仅仅是对新员工个人能力的反映，更是对招聘经理发现并提升人才的能力的考察。

认证销售流程的"发掘需求"阶段的例子如图5-3所示。

"发掘需求"电话 培训认证

销售人员信息				
姓名	匿名			
关键指标得分	80%			
优势	【优势1】			
	【优势2】			
改进空间	【改进空间1】			
	【改进空间2】			
是否获得证书	是			
关键指标	得分（1–10分）	权重	加权得分	最高分
事前准备	8	5	40	50
流程安排	9	5	45	50
精气神/语气	9	6	54	60
亲和力/共情力	10	5	50	50
信任建立	7	7	49	70
预期效果	9	5	45	50
理解客户的目标	10	10	100	100
理解客户的计划	6	10	60	100
理解客户面临的挑战	6	8	48	80
理解客户的时间线	9	10	90	100
理解客户的预算/决策机制	4	8	32	80
发掘客户在流量获取上的需求	9	6	54	60
发掘客户在商机转化上的需求	8	6	48	60
发掘客户在商机培育上的需求	9	6	54	60
发掘客户在数据分析上的需求	8	6	48	60
挑战/调整策略	7	10	70	100
明确下一步行动	10	8	80	80
合计			967(80%)	1210

图5-3 "发掘需求"电话认证案例

不断迭代销售流程

有了定义明确的销售方法论、详细的课程表以及一套强大的培训考试和认证指标，我便步入了建立可衡量、可预测的销售培训公式的正轨。

采用这种结构的另一个优点是为整个销售培训体系建立了牢固的基础，可以使其在原先的结果之上不断进行测试和迭代。与销售招聘公式一样，销售培训公式也需要不断优化，以应对业务变化。

接下来，我列出了几种用来促进销售培训公式迭代的工具和几种需要对销售培训公式进行迭代的情况。

1. 六个月之后的反馈表：在新员工开始工作六个月后，我们会请他完成一份对销售培训项目的反馈表。我选择这个反馈时间点，是因为这时销售人员已经在实战中积累了一些经验，了解了培训中的哪些内容是最有帮助的，而哪些内容是最没有帮助的。其中我最喜欢的问题是要求销售人员按照"从最有帮助到最没有帮助"的顺序对培训课程进行排名。我还会询问他们是否觉得漏掉了哪些重要的课程。

2. 销售培训得分与销售绩效之间的相关性分析：在销售招聘公式的分析中，我们研究了招聘时所评估的销售人员特质与其最终销售绩效之间的相关性。在这里我们也对销售培训得分和销售绩效之间的相关性进行了分析。如果一个新员工在产品测试里得了高分，这是否意味着他在销售实战中也会取得成功呢？低分是否意味着失败呢？认证是否能预测新员工后来的成功呢？如果两者之间没有相关性，我们就真的需要好好反思一下现行的销售培训公式是否正确了。相关性分析能够让我们不断迭代销售培训公式，在那些能够对销售成功产生重大影响的方面加大投入。正如我们所料，新员工在销售培训上的得分比在招聘阶段的得分更能预测他们之后取得的成功。

3. 相应改变销售团队的行为：随着业务的发展，无论是因为开发新产品、开拓新市场，还是因为要基于对销售漏斗的观察对现有销售模型进行必要的迭代，现有销售团队都必须要重新接受培训，销售培训公式也需要调整。有了结构化的销售培训公式，公司可以很轻松地评估哪些地方需要进行调整，以及如何调整销售培训公式以适应公司业务的发展。

总　结

- 每个业绩顶尖的销售员取得成功的方式都不相同。过度倚重"以老带新"的培训方法会使新员工在工作中难以发挥个人特长。
- "以老带新"的销售培训策略既无法大规模应用，也难以进行预测。
- 定义销售方法论能够让销售培训公式变得更加可衡量、可预测。销售方法论包括以下三个方面：买方流程、销售流程和评估矩阵。
- 考试和认证增加了销售培训公式的可预测性，也提供了一个可以后续不断从中学习和迭代此公式的平台。

— THE SALES
ACCELERATION
FORMULA —

第六章

打造受买方信任的好销售

如今的买方在交易过程中拥有全部的主动权。他们可以轻松地上网查找信息，并在给定的领域中找到最好的供应商。他们可以研究各个供应商在价格和产品功能上的差异，也可以在社交媒体上与供应商的前客户和现客户交流。买方通常可以在线免费试用产品，有时甚至可以直接在线购买产品。

那么，为什么我们还需要销售人员呢？好问题。

在新的买卖关系中，销售人员必须为整个流程提供更多的价值，来证明自己存在的意义。销售所要做的不再是记住电销话术、产品报价以及常见的十大销售难点。他们需要成为真正的顾问，为潜在客户提供有用的建议，为他们所信任。

> **买方不需要被迫去理解销售人员所提供的方案以及为什么方案能够帮助他们实现目标。正相反，销售人员需要主动理解买方的目标，并且明白为什么自己的方案能够帮助买方实现目标。**

培训你的销售员，让他们体验潜在客户的日常工作

销售人员需要高度的业务敏锐度，才能充分了解买方的目标。销售人员要能把产品的通用话术转变为买方想听的故事，使用买方熟悉的语境，并满足买方的需求。

受过最佳培训的销售人员已经体验过了其潜在客户的日常工作。

这种现代的销售方式要求销售人员真正了解客户所面临的处境。他们每天的工作是什么？这项工作容易吗？有什么困难吗？压力来自哪里？这些人想做什么？他们的老板想要他们做什么？怎么衡量成功与否？

一旦销售人员真正了解了买方的日常，他们便可以有效地与买方建立起联系。通过与买方建立联系、赢得买方信任，也能真正理解买方独特的视角。他们知道买方想往什么方向推进，因为他们从头到尾亲身体验过整套流程。销售人员可以给买方提建议，从而真正帮到买方。

帮助销售人员深入了解买方的日常工作，是我的销售培训公式的关键目标。下面就是我的做法。

在HubSpot的头几年，我们以市场营销专员为目标客户。因此，我的销售培训目标是辅导新入职的销售员成为一名营销专员。新员工并没有将最初的几周花在销售培训、记住产品话术和讨论针对客户的销售难点上。正相反，他们在HubSpot用最初的几周时间开设自己的网站，编写自己的博客文案，并创建了自己的社交媒体。培训完成后，我们的新销售人员所生产的内容通常会在数十个关键字的谷歌搜索结果中排名靠前。他们为自己的网站带来了数百个社交媒体粉丝。通过使用HubSpot的软件，他们撰写了博客文章，设计了登录页面，进行了A/B测试，对潜在客户进行了细分，利用电子邮件做起了潜在客户培养工作，并且分析了从网站访问者到潜在客户，再到最终客户的转化过程。

销售人员能感受到营销专员的痛苦，因为他们真正经历过了。

当新员工第一次打电话给潜在客户时，他们对集客式营销、自媒体和社交媒体的了解比他们所联系的 90% 的营销专员还多。他们可以真正了解这些营销专员的需求，真诚地提供建议，并且真正地帮到他们。

新员工创建的网站和博客所涉及的内容不需要与 HubSpot 的业务相关。实际上，我更希望他们不相关。我希望博客内容涵盖的是让销售人员充满激情的主题。他们写了关于花栗鼠、新英格兰爱国者橄榄球队以及波士顿小众餐馆的文章。由于网站的内容是销售人员真正感兴趣的，即使培训结束之后，许多销售人员仍在继续更新他们的网站。随着我们的产品和整个行业的发展，销售人员通常会在自己的网站率先尝试那些最新的工具，这也使得他们能够比客户更熟悉这些工具的用法。

> 受过最佳培训的销售人员已经体验过了其潜在客户的日常工作。

在早期与游移不定的买方进行互动时，我们的销售人员会说："您听我说，大多数人第一次听说集客式营销时都会对它有所怀疑，我也一样。我六个月前刚加入公司。像您一样，我也不认为自己是技术专家。在来到 HubSpot 之前我是卖保险的，所以对自媒体、搜索引擎优化和社交媒体一窍不通。但集客式营销确实有用！看看我在参加培训的时候撰写的博客吧。我在上面实实在在地花了好几天时间。如果你在谷歌上搜索'波士顿最好吃的意大利美食'，我的网站就会出现在搜索结果里，而且排名第一位。再试一试搜索'波士顿地区的纸杯蛋糕店'，我的博客也会出现在搜索结果里。您也可以做到这些，我可以帮到您。"

让你的销售人员通过社交媒体在潜在客户之中建立自己的品牌

让我来告诉你另一种使我的销售团队备受买方喜爱的办法。每个销售员都有机会成为潜在客户心目中的意见领袖。我把我的员工培养成了数字营销界真正的意见领袖。

这是一个真实的故事。

一家《财富》500强公司的销售副总裁有一天向我发了一封电子邮件:"马克,我需要你在营销策略方面提供帮助。我想邀请你和我们的营销副总裁共进午餐。"

我回答说:"太好了。我们明天中午在你的办公室见?"

"不,我们会来找你的,"他回答道,"在你的办公室附近挑选一个你最喜欢的餐厅,我们就在那里见面吧。"

我按他说的订好了见面地点。

第二天,销售副总裁和营销副总裁在午餐时出现了,他们带着的笔记上完美地罗列了所遇到的问题和可能的解决方案。他们分析了过去12个月中各个市场渠道的表现,展示了网站的流量增长情况、在自然搜索中的可见度,以及从访问用户转化到潜在客户,再从免费试用版用户转化到付费用户的比率。他们也有将自己的表现与市场进行对比,分析了为何他们会在某些领域举步维艰,以及如何改善目前的情况。

我们花了90分钟研究这些问题和解决方案。我分享了一些他们所不知道的业内标杆案例,肯定了他们设计的战略中最有力的要素,也在我认为他们需要改进的地方提出了意见。我讲了几个面临类似挑战的客户的故事,并告诉他们这些客户是如何克服困难的。

他们认真地做着笔记。到午餐结束时,我们都对双方商定的战略感到满意。他们对自己可以实现的目标以及实现目标的战略有了清晰的了解。

需要付钱的时候,我伸手去掏自己的钱包。"不,马克,我们来付。"销售副总裁阻止了我,"我们非常感谢与你共度的这段宝贵时间。"

这家《财富》500强公司很快就成了我们的客户,无须再跟他们开任何额外的会议。

这就是现代销售。

当医生问"你抽烟吗？您的家人患有心脏病吗？"的时候，你不会说谎。你看到他墙上的资格证书，然后说出了实情。你知道医生可以为你提供帮助，她正在尝试诊断你

> 现代销售的感觉不像卖方和买方关系，而更像是医生和患者关系。

的问题并提供相应的治疗方法。当她诊断出了你的病情并且开了药时，你不会说"让我考虑一下"或"能再打个八折吗"，你会乖乖地去拿药。

《财富》500强公司的销售副总裁信任我，就好像我是一名医生一样。他相信我的诊断，相信我设计的解决方案。他最终也取得了成功，我帮到了他。

我并不仅仅是因为担任 HubSpot 的销售高级副总裁才获得了这种可信赖的顾问身份，我还通过利用互联网来分享我的观点和帮助他人以建立这种权威。我经常在推特上分享一些最佳解决方案，也会转发一些我所尊敬的其他意见领袖的方法。我还在 HubSpot 的博客、领英帖子以及行业内其他优质自媒体平台上写了关于最佳营销实践的文章。我参与网上的讨论和文章的评论，始终试图为这些对话提供价值。

通过这些努力，我拥有了很多粉丝。我成了在销售和市场领域具有声望的意见领袖。在撰写本书时，我每天至少会收到一个潜在客户的请求，让我帮他解决问题。

你可能会问自己："谁有时间去做这些事呢？"那就专门腾出时间，把原本花费在低效事务上的时间投入到这些更现代、更有效的策略中。如果你是销售人员，每月参加两次行业会议。那么从本月开始，请试着每

> 社交媒体为所有销售人员提供了机会，让他们能够成长为受买方信任的顾问。销售人员可以把一些通常花费在挖掘潜在客户上的时间重新分配来运营自己的社交媒体。后者的回报更大。

月仅参加一次会议，并将节省下来的时间用于与买方进行线上交流。如果你原本计划本周打 10 小时的电话给潜在客户，那就从现在开始只打 8 小时，把节省下来的时间用来撰写博客文章，回答一个经常被买方问到的问题。

作为销售主管，你可以劝告你的销售人员不要再往那些不能取得成果的策略上投入更多的时间，并鼓励他们尝试一些更现代的与买方建立联系的方法。以下是销售人员可以尝试的一些其他策略。

1. 在推特上找到潜在客户关注的人。他们可能是记者，可能是意见领袖，也可能是与你的解决方案互补的公司的高管。转发他们的帖子，其中的一些人就会开始关注你。接着直接向他们发送消息并做自我介绍。安排一个电话会，询问自己可以提供什么样的帮助，并真心帮助他们。下次你在网络上发布文章时，问一下他们是否愿意在他们的圈子中帮你的文章做推广。不过只有在你觉得你所生产的内容与这些人所关心的问题相关时，才能向他们提这样的请求。

2. 找到潜在客户活跃的领英小组，在小组中回答问题，然后提出自己的问题，并与回复的人互动。在热点话题中附上你公司现有解决方案的链接。如果还没有这样的小组出现，就主动去建立一个。

3. 找到潜在客户阅读的博客。每天花 15 分钟阅读这些博客。转发其中的一两篇，并在你的领英动态中推广。在博客下面发表评论，确保你用来评论的名字能让人找到你的领英档案或者所在公司。博主们喜欢被评论，一个好的博主会回复你，你也要继续和他们互动。等下次你发布内容时，请这些博主帮你做推广。与他们建立关系，询问他们是否愿意让你在他们的博客上发表一篇特邀文章。

4. 参与公司博客的运营。检查电子邮件的"已发送邮件"文件夹，通常你会发现多个潜在客户都在提相同的问题。至此，你已经发现了行业痛点，能以此为主题来撰写优秀的博客内容了。如果某个问题经常出现，你就可以想象有多少人会对答案感兴趣了。

总　结

- 买方不需要被迫理解销售人员所提供的方案以及为什么方案能够帮助他们实现目标。正相反，销售人员需要主动理解买方的目标，并且明白为什么自己的方案能够帮助买方实现目标。
- 受过最佳培训的销售人员已经体验过了其潜在客户的日常工作。
- 现代销售的感觉不像卖方和买方关系，而更像是医生和患者关系。
- 社交媒体为所有销售人员提供了机会，让他们能够成长为受买方信任的顾问。销售人员可以把一些通常花费在挖掘潜在客户上的时间重新分配来运营自己的社交媒体。后者的回报更大。

第三部分

销售管理公式

THE SALES
ACCELERATION
FORMULA

第七章

量化驱动的销售辅导制度

从很多方面来说，称销售经理为"销售教练"更合适一些。提高销售效率最有效的方法之一就是让销售经理尽量多花时间在辅导员工上。因此我在扩大HubSpot销售团队时，就一直致力于强调重视销售辅导的企业文化。我将在本章节介绍我用过的一种方法——量化驱动的销售辅导制度。

> **由销售经理提供有效的销售辅导是提高销售效率最重要的方法。**

那么什么是有效的辅导，什么又是无效的呢？我们先来举一个例子。在过去的15年里，我一直想要学会打高尔夫，也为此报名参加了许多课程，其中有些教练教得好，有些教得一般。

平庸的教练会告诉我："马克，挥一下杆。好的，现在试试用这个力度，然后略微后仰，重心放在你的后腿上，面向1点钟方向，不是2点钟方向，然后向后摆臂，击球时尽快翻转手腕。"

天呐，我已经彻底糊涂了，能不能再说一遍？

而厉害的教练完全不同："马克，挥一下杆……好的，现在以这个力度挥杆100次。"20分钟后，他会问我感觉如何。

"不错",我说。

"好的,现在尝试增加后脚的力量,再像刚才那样挥杆 100 次。"

20 分钟后,他再次问我感受如何。

我告诉他,"棒极了"。

这才是有效的辅导。

上述例子中,第一个教练犯了一个常见的错误。许多缺乏经验的销售经理会把自己知道的一切都一股脑儿地塞给他们培训的员工。

> **销售辅导常见的误区是一次性灌输了太多知识,导致员工不堪重负。最好每次选择一种技巧进行重点辅导。**

这种情况在新经理碰上新员工时最容易发生。这些新经理发现新员工的做法和他们的预期相差甚远,就会填鸭一样地塞给员工成堆的资料,想让他们同时学会多种技能。所谓贪多嚼不烂,结果往往是员工忙得焦头烂额,最后什么都没学会。

最好的销售经理会像例子中的第二个高尔夫教练一样,挑选出对员工业绩表现帮助最大的一项技能,然后为提高此项技能定制系统的辅导计划。

如果这个经理再聪明一点,他就会懂得用量化标准来判定哪一种技能需要被优先培养。

这就是我们所说的"量化驱动的销售辅导"。

在组织内部全面推行销售辅导文化

最初的几个月里,我将销售团队由 1 个人扩充至 8 个人。那时推行量化驱动的辅导文化很容易,因为我是唯一的领导,可以完全按照自己的想法推进。然而后来销售团队越来越大,有 15 位以上经理,还增设了总监级和副总裁级岗位,要推行辅导文化就变得难多了。

我最终使用的日程安排如图 7-1 所示。

	某月第一天	某月第二天
上午	销售人员/销售经理独立总结工作 • 对工作进行定性反思 • 审查单项指标 • 反思技能辅导计划	销售总监与销售经理开会 • 审查每位销售人员的技能辅导计划
下午	销售经理与销售人员开会 • 对工作进行定性讨论 • 审查单项指标 • 共同制订技能辅导计划	副总裁与销售总监开会 • 审查每位销售人员的技能辅导计划

图 7-1 量化驱动指导方法在团队中的应用过程

在每个月的第二天下午，我会和每名销售总监碰头，询问他们的月辅导计划。我们会把他手下 50 来个销售人员挨个过一遍，我主要问三个问题：

1. 你本月打算提升这名员工的什么技能？
2. 你是怎样确定这一技能的？
3. 你为此制订了怎样的个性化辅导计划？

而当天上午，这些销售总监会与他们手下的销售经理碰头，向他们询问相同的问题，并一起分析销售人员的月辅导计划。为了回答这些问题，销售经理们同样会在前一天下午与他们手下的销售人员见面，量化评估他们的表现，并和他们一起制订个性化的月辅导计划。为了准备这些总结性会议，在每个月第一天的上午，每个销售经理和销售人员都会进行自我评价与总结。通过这种方式，整个团队每个月都会有节奏地进行销售辅导的准备工作。

与销售人员一起制订辅导计划

当销售经理与销售人员一对一制订辅导计划时，他们需要互动沟通。经理不能简单粗暴地对员工说："乔治，我看了你上个月的业绩，这是我看到的问题，这是我们接下来要做的事情，这是我们要如何做。"这种方法根本无法赋能员工，也无法获得员工的认同，而是白白浪费了一个本可以让员工系统地反思自我发展的学习成长机会。

这一过程正确的做法是销售经理通过提问，引导员工反思自己的表现，发现自己的短板。从经理的视角出发，可以这样循循善诱：

"很高兴见到你，你觉得自己上个月的表现如何呢？"

"从定性角度而言，你觉得自己哪方面做得比较好？你认为还有什么可以改进的地方吗？"

"接下来我们来看看数据，这是整个团队销售电话的量化结果，你觉得你在其中表现如何呢？"

"现在我们来看下一张表，这张是客户成交率，你对此做何感想？"

按照上述模式，销售经理应该带领员工回顾所有的重要业绩指标。如果发现了有趣的现象，经理就可以再深挖一点，比如问员工"在这个方面，你的表现比其他人好（差）很多，你认为是什么原因造成的呢？"

浏览完这些指标后，销售经理会问到最重要的问题（其实是两个问题）：

"根据你的定性观察和刚刚我们回顾的各个指标，你认为自己下个月最急需提升的技能是什么？你希望我怎样帮助你？"

通常来说，此时的销售经理已经确定了该员工最需要改进的方面，但是他/她仍然需要与员工沟通，根据员工的意愿来调整自己的计划。这种灵活的方法可以获得员工最大程度上的支持，也会最大化地提升员工的能力。所谓授人以鱼不如授人以渔，这个过程的意义不仅是帮员工制订计划，也是教会他们做自己的教练，独立地反思自己的短板，并有针对性地制订自我提升

通过业绩指标判断员工最急需提升的技能，针对该技能制订个性化辅导计划。践行"量化驱动的销售辅导"。

辅导计划。

另外，我鼓励 HubSpot 的销售经理利用上述的月初会议来规划接下来的辅导日程。

"我同意你的看法，我们应该在这个月重点培养你抓住销售机会的紧迫感。你刚才提的想法很好，我们可以对你的电话约访进行两次录音，然后一起分析一下问题。从日程表上来看，咱们都有空的时间是周二上午 10 点和周四下午 4 点。我们就约在这两个时间碰面吧？在我们的每次见面前，请你对自己表现较好的一次通话进行录音，然后我们可以一起分析。"

我的销售经理们都很喜欢这种时间管理策略，因为这样可以让他们针对员工的需求事先分配时间，而不是被动地等问题出现再做出反应。分清主次，团队就可以优先提升对业绩影响最大的技能。

通过量化指标进行问题诊断并制订辅导计划的案例

你可能会问："哪个销售指标最值得参考？"

答案因公司而异。虽然这么说，但当你评估公司状况的时候，我建议开始时尽量简单，可以从之前已经在跟踪的高层面指标开始。

下面来看一个简单模型，如图 7-2 所示。这张图展示了上个月线索挖掘、线索跟进、产品展示和客户成交的基本销售漏斗。其中每个图案代表团队中的一个销售人员。这个简单的模型展现了普通员工与顶尖员工之间的差距，以及他们具体差在哪里。

首先来看方格图案（从上往下数第四个）代表的销售人员，他上个月挖掘的线索最少。这是什么原因造成的呢？为了知道他的初始想法，我们首先要直接问他。接下来，你可以根据自己的观点和经验向他提出建议。以下是你可能给出的诊断和相应的辅导计划：

第七章 量化驱动的销售辅导制度 065

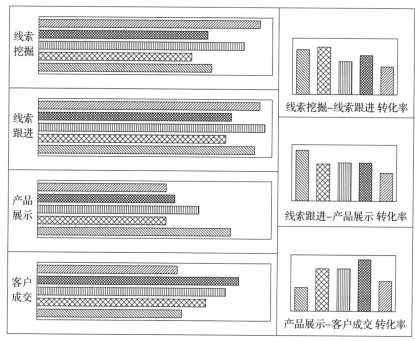

不同图案代表不同销售人员在某一特定月份的业绩表现

图 7-2 销售团队成员的某月销售指标对比

1. 在不适合的线索上过度投入：也许这位销售人员从一开始就没有正确识别合适的线索，因此在成交概率较小的客户身上投入了过多的时间进行产品展示。得出这一结论的依据是该销售人员进行了多次的发掘需求电话与产品展示，但是成交率却比较低。针对这一情况，理想的辅导计划是每天进行销售漏斗跟进检查，帮助他判断每个线索的质量。

2. 时间管理：这位销售人员可能不太擅长时间管理。他可能对还处在非常早期阶段的线索做了过多的研究，或者他的客户关系管理技能比较弱，又或者他给自己增添了很多不必要的事务性工作。做出这一判断的依据是他在各个方面（线索挖掘、产品展示和客户成交）的业绩都低于平均水平。这里可行的辅导计划是帮助他确立日目标和周目标，规定他在一定时间内需要完成的各项任务数量，然后让他定期报告工作进度。

3. 个人动力：也许这名销售人员只是没有什么进取心。如果说一般销售人员每周在工作上投入了 50 小时，这名员工可能只投入了 30 小时。他的问题反映在图中仍然是各方面业绩都低于平均水平。针对这一问题，理想的辅导方案是找他谈话，聊一聊他每天为什么而工作，他想赚多少钱，他想拿这些钱做什么，他想什么时候挣够这些钱。帮助他将个人财务目标与日常工作业绩联系起来。最后，制订一个计划并每天检查他的进度。

4. 电话恐惧症：也许这名销售人员只是害怕打电话。这个问题真的很难解决，并且很可能意味着他不适合这个工作。他要么从内心深处改变自己，要么换一个工作。

下面让我们看看右倾斜线（从上往下数第一个）代表的销售人员。她发掘了很多线索，但是她做的产品展示却最少，随之导致客户成交量也是最低的。可能的原因和应对的辅导计划如下。

1. 与潜在客户深入接触：也许这位销售人员对她的潜在客户了解不够深入。可能她只是简单接触了对方一两次就推进到下一阶段了，这点我们可以通过查看 CRM 记录中她接触了哪些潜在客户来做诊断。从辅导角度来看，她可能需要学习把握线索推进的节奏和利用好 CRM 系统，以免机会白白溜走。

2. 缺乏个性化服务：也许她确实试图深入了解了潜在客户，但是每次的邮件和语音留言都千篇一律。她应该根据潜在客户的背景，调整每一次邮件和语音留言的风格以及内容。这点我们可以通过查看她的电子邮件来进一步判断。如果这些邮件确实千篇一律，那她就需要针对不同潜在客户增添些个性化的内容了。一个优秀的销售员应该想客户所想，在他们最需要的时候提供最有用的信息。

3. 通过电话与客户培养信任：也许她很擅长给潜在客户打电话并吸引他

们注意，但是当对方表示愿意听她介绍下去的时候，她却不能很好地进一步沟通。她可能每次都语气生硬、语调平淡，丝毫不想通过电话了解对方。销售经理需要有技巧性地诊断这一问题，具体内容我会在讨论"剥洋葱"式分析法时详细介绍。就辅导计划而言，可以设置两个90分钟的旁听会议，旁听她挖掘线索及与潜在客户建立联系的对话过程；也可以通过角色扮演模拟电话销售场景，对她的沟通方式进行指导，并旁听她在接下来的通话中是否真的有所改进。

最后，我们来看看左倾斜线（最下面一个）代表的销售人员。他跟进了大量线索，也做了大量产品演示，但是最后达成交易的数量却很少。以下是可能的诊断与辅导计划。

1. 客户的急迫感不够： 无论是在HubSpot团队中，还是在找我咨询的其他团队那里，这都是我遇到的最常见的问题。有时潜在客户对产品表现出了很大兴趣，并且明确告诉销售人员他们有意愿购买。然而第二天，他们总是会借故推脱你邀请他们参加的某场推介会或即将举办的活动。他们会说，一个月后再说吧。但一个月后再打电话，对方可能连你是谁都不记得了。针对这种"就差临门一脚"的情况，一个进行诊断的好办法是回顾与推敲这些案例。通常有两种途径：①通过角色扮演模拟如何增加客户购买需求的迫切感；②对销售电话进行录音，以便分析和反思。考虑几个关键问题：客户为什么今天就要买我们的产品？今天不买有什么后果？如果我们讨论解决的问题拖了六个月还没解决，会出现什么后果？这个后果真有那么糟糕吗？如果答案是"否"，那么说明这个销售人员没能让客户感受到消费的急迫需求，那么他在实战中很可能就谈不成这笔生意了。

2. 无法分辨客户中的真正决策者： 某些情况下，销售人员无法辨别或者联系上那个真正"拍板"做决策的人。通常来说，如果一个潜在客户说他是做决定的人，他很有可能不是。相反，真正可以做决定的人可能会尝试将这个权利转移给他人。弄清楚自己的沟通对象是不是可以真正做决定的人通常很难。销售经理可以通过销售人员与已知的重要文件签署人的接触时长来判断是否存在上述问题。如果签文件的人是公司高管，但我们至今还没有接触过她，那就有问题了。围绕特定情况进行角色扮演对培养这方面能力很有帮助。据我观察，通过对案例进行逐个分析，优秀的销售人员会渐渐明白最终用户与相关决策者对于产品的考量角度是不同的。正确的做法是"看人下菜碟"，以不同的沟通方式应对不同的沟通对象，使各方利益都得到满足，最终实现共赢。

3. 深挖客户痛点： 也许销售人员还没有完全理解潜在客户的痛点。如果你问一个销售人员某个潜在客户所面临的痛点是什么，而这位销售员回答说该客户需要更多销售线索，那就有问题了。每个人都需要更多的线索，要继续提问深挖真正的痛点：为什么需要更多的线索？他们现在有多少条线索？他们需要多少？怎样达到需要的数量值？这个目标是"必须达成"还是"理想状态"？

"剥洋葱"式分析法

在量化驱动的销售辅导方法中，"剥洋葱"是一个重要概念。当我们审视每一位销售人员的重要业绩指标，试图以此判断他们需要重点关注的领域时，我需要问自己的第一个问题是："我们如何能像剥洋葱一样，用更深层次的量化指标一层层剥开销售人员的业绩表现，去发现藏在其中的技能短板？"

数字不会说谎。

"剥洋葱"的具体过程如图7-3所示。还记得左倾斜线代表的那位销售人员吗？她可以应对很多潜在客户，却总是止步于产品展示。让我们对她进行剥洋葱式分析，看看她的"线索跟进-产品展示的转化率"背后隐藏了什么技能短板。首先我们对数据进行分解，分开看"线索跟进-建立联系的转化率"和

"建立联系 – 产品展示的转化率"。如果前者较低，说明她的难点在于通过电话吸引客户，那么我们就需要深入分析她的电话沟通频率和个性化服务程度。如果后者较低，说明她在维系客户关系的过程中很难激发潜在客户对产品的兴趣。那么我们就需要分析她与客户间的通话内容来做进一步诊断。

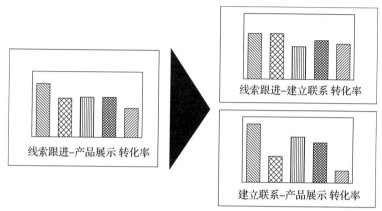

不同图案代表不同销售人员在某一特定月份的业绩表现

图 7-3　利用"剥洋葱"式分析法识别技能缺陷的示例

"剥洋葱"式分析法帮我们节省了定位技能短板的时间，让我们更有信心把时间花在正确的工作方向上。

衡量辅导成果

我们怎么知道辅导模式是否管用呢？当然是通过指标来衡量！图 7-4 看上去似乎与我们之前看过的图没什么区别，但是之前的图体现的是在特定时间内不同销售人员在不同方面业绩表现的对比，而这张图体现的是每个销售人员的各个业绩指标如何逐月变化。通过这张图，我们可以回顾最初制订的辅导计划，看看那些最初想要提升的指标是否真的有所进步。基于 HubSpot 一位销售员真实业绩数据的业绩指标变化，如图 7-4 所示，这名销售员和辅导她的经理是这一方法的典型成功案例。

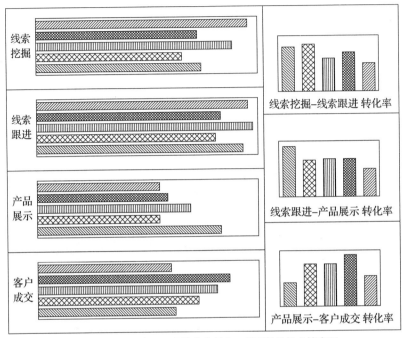

不同图案代表同一名销售人员在一系列月份的业绩表现

图 7-4　比较同一销售人员各个业绩指标在多个月间的变化

总　结

- 由销售经理提供有效的销售辅导是提高销售效率最重要的方法。
- 销售辅导常见的误区是一次性灌输了太多知识，导致员工不堪重负。最好每次选择一种技巧进行重点辅导。
- 通过业绩指标判断员工最急需提升的技能，针对该技能制订个性化辅导计划。践行"量化驱动的销售辅导"。

第八章

销售薪酬方案与竞赛带来的激励

无论你是 CEO 还是销售副总裁，销售薪酬方案都是你最好用的工具。现在回想起来，HubSpot 经历过的重要战略转型大多都是通过更改薪酬方案实现的。

人们经常问我，"最好的销售薪酬结构是什么样的？"

> **销售薪酬方案是 CEO 和销售副总裁实施商业战略最有效的工具之一。**

这是一个非常复杂的问题。因为理想的销售薪酬方案不仅与业务类型有所关联，与公司所处的成长阶段也息息相关。在 HubSpot 成长的最初六年中，我们采用过三种不同的薪酬方案，每种都适用于当时业务所处的发展阶段。

接下来我将一一介绍这三种方案。

方案一：拉新计划

HubSpot 采用的第一个薪酬方案以获得新客户为导向。这在当时是一个正确的选择。我们有 100 名客户，年销售额只有区区 30 万美元。我们需要快速获得客户以加速适应市场需求，从而更好地领悟商业模式持续发展的真谛。

根据这个方案，员工每个月每带来 1 美元的经常性收入，就可以得到 2 美元的奖金。比如一位员工拉到了每月支付 500 美元订阅费的客户，他就会一次性挣到 1000 美元的提成。

为了防止客户流失，我们保留 4 个月内追回提成的权利。也就是说，如果客户在 4 个月内流失，HubSpot 将会收回相应的全部提成（从销售人员下个月工资中扣除）。如果能将客户留住 4 个月，即使之后客户取消了订阅，销售人员仍然保留全部提成。

这个方案简洁明了，完全以拉新为目的。

这个方案也很奏效，的确加快了获取新客户的速度。不到 6 个月，HubSpot 的客户数量就从 100 增长到 1000。我们的年销售额也从原来的 30 万美元提高到了 300 万美元。干得漂亮！

不过每个销售薪酬方案都会有副作用，这个方案也是。你可能也预料到了，随后我们的客户爆发式流失，达到了令人担忧、业务难以为继的程度。猜猜第几个月客户流失率最高？当然是第五个月，就在销售人员确认可以永久保留提成之后。这是一个巧合吗？我认为不是。

销售薪酬方案会驱动业务发展的结果。

方案二：客户成功计划

怎样留住客户是个大问题。首先，我们对此进行了数据分析。在当时，每个新客户都有一个售后顾问，顾问会教客户如何设置和使用我们的产品。我们的第一个理论假设是售后顾问的质量良莠不齐，如果我们可以挑出那些最成功的顾问，就可以深入了解他们的工作流程，总结他们的成功经验并复制到整个团队的工作中。然而，当我们从售后顾问入手分析客户流失时，发现整个团队的工作水平都差不多，所以这个理论尚未被证实。

接下来，我们又试图从销售人员入手分析客户流失的原因。谢天谢地，这次找到原因了！我们发现在整个销售团队中，客户流失率的最低值和最高值之间相差超过10倍。所以我们的问题不是出在售后服务上，而是出在销售方法上。销售人员选择的客户类型和他们对新客户的预期都会影响未来的客户维系。

我立刻将这一发现与整个团队分享，向他们展示了每个员工的客户流失率，以及这个比率在团队业绩中处于什么位置。我跟大家强调，客户留存对于客户体验和我们的生意来说都至关重要。同时，我通知他们为了将客户留存情况与他们的业绩挂钩，我将在下一季度调整销售薪酬方案。

于是，我在下个季度信守诺言，将员工按客户流失率从低到高依次划分为从上到下四个等级。最高级别的销售人员（前25%）由原来的每个月每带来1美元的经常性收入就奖励2美元，升级为奖励4美元。"恭喜你！"我对这些员工说，"我将你们的提成翻了一倍。知道为什么吗？因为你们为公司带来了最优质的客户。请继续努力！"

接下来我转向第二级别的员工，"干得不错。你们每个月每带来1美元的经常性收入就可以获得3美元的酬劳，相比之前多了50%。"

"而第三级别的伙计们，你们的工资没有变化，仍然是每个月每带来1美元的经常性收入就可以获得2美元。"

最后，我宣布了最艰难的消息。"对于最后一级的员工，也就是排名后25%的员工，你们的销售提成将削减到每个月每带来1美元的经常性收入仅奖励1美元。为什么呢？因为你们的客户没有获得成功。这些客户平均下来并没有给公司带来什么收益。更重要的是，你们在浪费客户的钱，因为你们没能为客户设定如何利用我们的服务获得成功的合理预期。我们从上个月开始提供设定客户预期的培训，目的是指导你们如何更好地提升这项技能。我希望你们认真对待这个培训，我们也将随时提供帮助。"

六个月内，我们的客户流失率下降了70%。

销售薪酬方案会驱动业务发展的结果。

方案三：客户预付款计划

大约 18 个月后，方案二（客户成功计划）的执行已经逐渐步入正轨。如果说之前是"客户预期设定不佳"导致了客户流失的话，随着方案二的生效，这一问题已经被解决了。总体来说，客户流失率大大减少，流失的原因也并不严重，大多是客户被大公司收购，孤立的产品漏洞等不可控的原因。这对公司业务来说是一大进步。不过，也正因为销售薪酬与客户流失率高度相关，且这些客户流失的原因不再是销售人员的可控原因，这个方案不再能有效地激励员工的行为了。当所有员工都精通为客户设定合理的预期时，客户流失率最低的员工并非得益于出色的业务能力，而是靠的运气，所以是时候再次更改销售薪酬方案了。

这次我既需要控制客户流失率，又需要保证销售人员的业绩不会受不可控因素的影响。我问自己："怎样的评价标准才能既与客户成功紧密联系，又能准确反映员工的业务能力？"

对于当时的 HubSpot 来说，答案是针对新客户的预付款方式。按月付款的客户对 HubSpot 的整体服务付费较少，并且更容易流失。而按年预付款的客户对服务的付费会更多，也更成功。

因此，方案三设计如下：

1. 销售人员每带来 1 美元的每月常规收入，就可以获得 2 美元的提成。

2. 提成按如下方式发放：

（1）客户支付第一个月费用时发 50%。

（2）客户支付第六个月费用时发 25%。

（3）客户支付第十二个月费用时发 25%。

根据这个方案，如果客户签的是按月付款的合同，则销售人员需要等一年才能拿到针对这位客户的全部提成。而如果客户提前购买一整年的服务，那销售人员就可以立刻拿到全部的提成。因此这个方案与鼓励客户预付款的目的完全相符。同时客户提前支付多少钱与客户成功度相关，并且在销售人员的能力可控范围内。

在推出该计划之前，客户平均预购 2.5 个月的服务。当我们推出这个方案后，客户平均预购的服务时长激增至 7 个月。这是个一箭三雕的方案。一方面，客户流失率依然是可控的，实际上甚至有所降低。另一方面，客户能为 HubSpot 带来收益。同时，销售人员也觉得命运掌握在他们自己手中，只要能力足够，就能拿到相应的回报，不会受不可控因素的干扰。我们的目的圆满达成。

> 没有十全十美的销售薪酬方案。每个业务阶段都有其最适合的方案。

我的方案推荐一定适用于你的公司吗？当然不是。就如我说过的一样，销售薪酬方案在很大程度上取决于你所从事的业务类型以及你们正处于的发展阶段。我希望上述发展历程能说明这一点，并提供了一个关于薪酬方案及其影响的现实案例。

评估薪酬方案的标准

通过三个角度来评估一个销售薪酬方案的设计：简洁性、一致性、及时性。

下面我来详细阐述。

- 简洁性：销售人员不需要电子表格即可计算他们的工资方案。如果其中包含了太多变量，员工可能会分不清哪些因素更重要，那么他们可能就会将这份方案抛在一边，然后按自己最熟悉的方式进行推销。这样的话，我们就无法通过薪酬方案引导员工行为了。所以请让你的计划简单易懂，尤其是在你格外看重的指标上。

- 一致性：你可以展望明年并问问自己："公司需要达成的最重要的目标是什么，是客户数量、盈利能力、客户成功、市场份额、新产品分销，还是新市场渗透？"然后问自己："销售薪酬方案如何与这个目标保持一致？"不要低估薪酬方案的力量。你可以采取调整销售培训、重新设计营销材料、参加客户会议等措施，去做你能想到的所有努力。但是无论你做了哪些努力，只要贵公司的大部分收入仍然来自销售团队，那么销售薪酬方案就是贵公司最有影响力的工具。

- 及时性：当销售人员成功时，这份成功应该立刻反映在他们的薪水上。相应地，当他们失败时，失败的痛苦也应该立刻体现在他们的薪水上。任何延迟都会削弱薪酬方案的影响力。

> 评估销售薪酬方案的三个标准：简洁性，一致性，及时性。

让销售团队参与设计薪酬方案

我们的薪酬方案能够不断改进并取得成功的一个原因是，我决定让销售团队参与到设计过程中。我经常会通过开"全员大会"来提高销售团队的参与度。这个全员大会对我来说相当于一个论坛，我会在上面分享改变薪酬方案的原因，以及我们想通过新方案实现的目标。会议是自愿参加的，不过我可以保证参加的人很多。在传达了新方案的目标之后，我提议由团队提出建设性意见，接下来就是头脑风暴时间了。随着会议的进行，我会分享一些自己正在考虑的问题，然后邀请大家给出意见。

作为全员大会的后续跟进，我通常会在公司的内部公告板上增设一个页面，重申更改计划的原因，陈述新计划的目标，并展示一些正在考虑的问题。员工在网页上可以继续参与讨论并提出他们的想法和反馈。我会回应大多数评论。这种线上交流的方式更加灵活，可以让销售人员根据自己的时间安排参与讨论。

当然，无论是在全员大会还是在线上讨论中，我都会明确指出制定薪酬方案不是一个民主过程。比如，该计划并不会付诸表决。对于销售团队而言，我们需要的是决策透明度和参与度，而不是每个员工都围绕他们的私欲设计方案，这两者不应混淆。我必须维护 HubSpot 的集体利益，而不是仅仅最大化销售人员的薪酬。

总而言之，让销售团队参与这个过程非常有效。通过提前告知更改薪酬方案的原因和目标，我帮助销售人员们为接下来的改变做好心理准备。大多数人都很赞赏这样的透明度，尽管并不是每个人都受益。团队讨论也确实会产生一些很棒的想法，每次都至少会贡献一个调整要素。我们会保证建议的质量，每个想法都是合理且有用的，不会仅仅为了安抚团队就对他们的意见全盘接受。这样的讨论同样帮助我站在销售人员的角度看问题，提炼出他们最大的担忧，与他们感同身受。当新的薪酬方案最终成型时，销售团队因为参与了决策过程，会对新方案的诞生有更深入的了解。他们也会理解为什么自己的部分建议没有被采纳，因为这些问题都在全员大会和线上论坛中讨论过了。

量化晋升等级：避免晋升和薪酬调整的主观性

除了佣金计划外，销售薪酬结构中还有另一个重要因素：一个正式的职业发展计划。销售员中有的希望提升领导力；有的希望增加工作开拓方面的自主权；有的则无意成为经理或进行产品改革，只想磨练技能并做一个有贡献的个体。一个常见的销售人员职业发展目标是从内部销售转为外部销售。但是在 HubSpot 创业的头几年，我们没有任何的外部销售机会。我们立志专注于尚未开发的广阔的中小企业市场，并且坚信与未来客户建立联系的最好方式就是倾力打造一支内部销售团队。因此，我需要一个另类的方案来规划我们的销售人员的职业发展路径。

多数公司的评价体系是基于年度评估，并根据业绩提高2%～4%的工资。这个方法对我来说太主观了。考虑到员工的业绩是完全可用数据衡量的，我觉得有必要采取更为量化、更有激励性的方案。

我想出了一个"晋升等级"的概念。此概念中包含的级别有资深销售经理、高级销售经理和销售经理。我在HubSpot实际数据的基础上更改了一些指标，不过蕴含的原理都是一样的。

图8-1中的第一列为每个级别销售人员的职称，第二列为每个级别的基本薪资、浮动薪资和额外获得的股权，第三列为晋升更高级别所需要达到的标准。最低职位是销售经理，为了晋升高级销售经理，他的累计每月经常性收入（MRR）需要超过6万美元，平均每月新增MRR需要超过5000美元，并且其客户平均预付期限应达到6个月。达到这三项标准的销售经理会晋升为高级销售经理。她的业绩指标会提升，但完成每笔交易的浮动薪资也会增加，并由此实现更高的提成率和更高的目标工资（OTE）。另外，升职的销售经理还会得到额外的1万股股票期权。

职称	薪酬	晋升下一级别的条件
资深销售经理	基本工资4万美元 浮动薪资6万美元 1.5万股附加期权	累计MRR > 21万美元 每月新增MRR > 7000美元 预付款 > 8个月
高级销售经理	基本工资4万美元 浮动薪资5万美元 1万股附加期权	累计MRR > 13万美元 每月新增MRR > 6000美元 预付款 > 7个月
销售经理	基本工资4万美元 浮动薪资4万美元 0.5万股附加期权	累计MRR > 6万美元 每月新增MRR > 5000美元 预付款 > 6个月

图8-1 销售人员晋升等级示例

晋升等级是销售薪酬模型中的重要一环，身在其中的销售人员好胜心强，希望挣更多的钱，并且愿意向着目标努力。他们认真对待这些职务等级，希望能够早日升职。我通过这样的方法引导员工达到我预期的效果。

量化晋升等级对于企业文化培养也很有用，它让我们不必花心思在年终评估上，也不会武断地随意增加报酬。这个概念剔除掉了薪酬激励过程中的主观性和办公室政治，让能力强的员工可以尽快晋升。对于员工业绩的反馈都是每周和每月发送的，并不依赖于年终评估。

一条重要的经验是：任期不是晋升的标准。这点非常重要。许多顶尖的员工仅用七个月就能得到晋升，而其他人则要花费两年，这在我看来都很合理。说实话，我一直不理解为什么在许多销售团队中，工作资历老也能作为晋升的因素之一。销售是靠业绩和本事说话的，不是靠资历。

用销售竞赛激励团队

"马克，我需要调动团队的工作积极性，我的员工打的销售电话太少了，我应该怎么办呢？"

开展一场竞赛。

"马克，我的团队很不擅长做销售预测。他们不把这个当回事，也不遵守我们总结出的经验，我应该怎么办？"

> 销售竞赛是在销售组织中推动短期行为改变和建立团队文化的有效工具。

开展一场竞赛。

"马克，我们本季度刚刚推出一个重要产品，但是员工还是按照老一套进行营销，我应该怎么办？"

开展一场竞赛。

如果说销售薪酬方案是蝙蝠侠，那销售竞赛就是罗宾汉。在激励销售团队和引导他们工作两个方面，销售竞赛几乎和薪酬方案同样有效。竞赛可以为平凡枯燥的日常工作带来活力和趣味。它不仅能助力团队实现目标，并且与薪酬方案不同的一点是，它可以是临时或短期的，甚至可以用来建立团队文化。

由于这些原因，我几乎每个月都要举行销售竞赛，特别是在团队成长初期。以下是我根据经验总结的六个销售竞赛设计锦囊。

1. 体现团队的短期行动目标： 就像销售薪酬方案一样，销售竞赛也是引导员工行为的好方法。举个例子，如果你担心夏季行业形势低迷，想要在6月增加销售活动量。这一愿望很难通过薪酬方案实现，但是在6月进行和活动量挂钩的竞赛，就可以达到目的。

2. 以团队为单位竞赛： 如果销售团队中有12个人，那就分成四个三人小队，让他们进行团队竞赛而不是个人竞争。这种方法会对团队文化产生巨大影响，尤其是在团队建设的初期阶段。在HubSpot创业的前三年，我参加的每场竞赛都是团队战，这对团队文化的形成很有帮助。我经常能看到能力强的员工帮助落后的队友，而后者会为了不拖团队后腿而主动加班加点。三年团队竞赛后，我难得举办了一次个人竞赛，然后我就见识到了指控作弊、背后捅刀子等行为。于是我们立刻又改回了团队竞赛。

3. 以团队为单位进行奖励： 除了竞赛要以团队为单位开展外，胜出的奖励也要以团队为单位，比如租一辆豪华轿车带他们去赌场，带他们打一场高尔夫，或者送他们去航海一天。对团队进行奖励可以使集体文化的积极影响最大化。一个团队不仅要一起赢得竞赛，还要一起享受胜利的果实。他们会用照片分享一起度过的美好时光，等他们回到办公室，彼此的情谊会更加深厚，其他队伍也将更有动力赢得以后的竞赛。

4. 每晚发布竞赛排名： 即使不对整个公司公布，竞赛排名也至少要每天对整个团队更新一次，这是整个活动组织的关键点！如果没有实时更新，竞赛效果就会急剧下降。所以即使需要人工计算和发布排名，即使每日更新一次很麻烦，也一定要每天发布竞赛结果。

5. 选择合适的竞赛时长： 比赛持续的时间需要足够长，才能引导员工行为，达到目标的效果。但是时间又不能太长，否则员工的参与积极性会下降。一天太短了，一个季度则太长，一周可以接受，但还是有些短，一个月是最理想的。

6. 避免竞赛扎堆： 不要因为读了本章节就恨不得同时举办五场竞赛。时间重叠的竞赛只会彼此干扰消耗。针对目标销售团队，一次一场就够。

我举办过的最成功的竞赛

随着HubSpot的销售队伍日益扩大，我们的业务也进入了成熟的新阶段，销售预测变得越来越重要。不幸的是，和许多销售团队一样，HubSpot的销售团队也不擅长预测，并且没有认真对待过这项工作。

因此，我设计了一个竞赛，其流程如下：

1. 我将所有人分成四组。

2. 销售人员每次为潜在客户进行产品展示时，都需要在当天下班前预测能否在月底前达成交易。

3. 如果销售人员认为该潜在客户可以在月底前成为正式用户，就可以在白板上写下该潜在客户的名字，并标注0到100的"信心分"。这个分数代表了该销售人员对自己所做预测的自信程度。

4. 我们会在月底时审查白板，如果该潜在客户确实转变为正式用户了，那么信心分将会被加到该销售人员及其所在团队的得分上。同样，如果白板上的潜在客户没有变成正式用户，那么对应的信心分将从相应团队中扣除。

猜猜获胜团队的得分是多少？负70！

实践是检验真理的唯一标准。

直到这场竞赛的结果公布，整个销售团队才意识到他们在销售预测方面有多糟糕。他们曾过于乐观，认为打几个电话，做几个产品展示，潜在客户就肯定会买他们的产品；他们曾怀着侥幸心理省略了对潜在客户进行挖掘和研究的过程，导致跟进线索的销售漏斗管理草率鲁莽。但是通过这场竞赛和配套的培训，这一问题得到了改善，整个团队接下来的业绩都有所提高。

总　结

- 销售薪酬方案是 CEO 和销售副总裁实施商业战略的最有效工具之一。
- 没有十全十美的销售薪酬方案。每个业务阶段都有其最适合的方案。
- 评估销售薪酬方案的三个标准：简洁性，一致性，及时性。
- 销售竞赛是销售组织中推动短期行为改变和建立团队文化的有效工具。

— THE SALES
ACCELERATION
FORMULA —

第九章

培养销售领导——"内部提拔"文化的优势

"不要提拔你最好的销售人员做销售经理。"

如果你问一位经验丰富的销售老大如何培养销售干部，这可能是她会说的第一句话。

这种想法当然有其道理。在公司的所有职位中（如市场营销、产品研发、财务管理、人力资源等），销售需要的特质与管理岗位相差最大。有些时候，一个优秀的销售人员天生就是自私、自负又求胜心切的，而这些特质并不适用于管理。

然而，难道最差的销售就做得好管理吗？

当然不是。一个连自己的工作都做不好的人，又怎么能指望他去辅导别人呢？

从外面聘请一个经验丰富的销售经理如何？

这个法子也许对其他公司管用。但是对于买方环境特殊的 HubSpot 来说，我不认为有用。当然，如果有这么一个经理，曾经成功地领导过面对类似买方环境、用类似的销售方式、产品的价值定位也类似的销售团队，我应该早就聘用他了。然而这并不现实，因为我不仅没找到完全匹配的人，甚至连理念和我相同的都没有找到。我碰到的大多数经理都推崇"血汗工厂",他们每天都给手下的销售人员下指标,告诉员工"有成交希望了再给我打电话",自己只在最后才出面关单。他们的时间基本都花在盯着销售预测和销售漏斗上了。他们不是好的教练,不擅长分析问题,也不懂得和员工搞好关系。

那么构建销售管理层的最佳方法是什么?

这正是我进 HubSpot 不到 6 个月就碰到的问题。当时我们的销售团队已经扩大到 8 个人,并且人数还在持续增加。我需要尽快找到解决方案。

最终,我决定通过培训和提拔,从团队内部培养管理层。因为只有销售团队内部成员才了解我们买方的特点,知道我们的产品价值定位,熟悉我们正在运营的销售体系。事实证明,这是我做过的最好的决定。

为了将一线销售人员培养成经理,我开始着手建立销售管理课程。我读了不少关于销售管理的书,但是很少能引起我的共鸣。所以我花了一些时间来思考我希望 HubSpot 的经理拥有哪些关键技能。辅导员工、提供负面反馈、激励团队、处理冲突,这些都是经理需要具备的技能。

然后我意识到我寻找的不仅是管理技能,更是领导力。于是我改变了研究方向,一下子就有了头绪。不久之后,我就组织了为期 12 周的销售领导力课程。

从团队内部培养未来管理层的时候,要注重领导力,而不是通用的销售管理技巧。

以下是我为期 12 周的销售领导力课程链接。虽然我在内容中加入了 HubSpot 专用的资源指南,但是我建议你们将关注重点放在技能类别上。

1. 定义和培养你的领导力风格。

- 发现你真正的领导力(http://www.aawccnatl.org/assets/authentic%20leadership.pdf)

- 建立真诚的领导力形象（http://solutions.ccl.org/Buil-ding_an_Authentic_ Leadership_Image）
- 电影《高空十二点》（www.amazon.com/Twelve-OClock-High-Gregory-Peck/dp/B00005PJ8V）
- 强有力的领导力和领导力赋能：双管齐下（http://solutions.ccl.org/Forceful_ Leadership_and_Enabling_Leadership_You_Can_Do_Both）
- 持续反馈：如何获取、如何使用（http://solutions.ccl.org/Ongoing_Feedback_ How_to_Get_It_How_to_Use_It）

2. 向下属提供正面和负面的反馈。

- 有效地反馈：如何构建和传递你的信息（http://solutions.ccl.org/Feedback_ That_Works_How_to_Build_and_Deliver_Your_Message）
- 向下属提供反馈（http：//solutions.ccl.org/Giving_Feedback_to_Subordinates）

3. 成功的辅导与培训。

- 销售辅导：从销售经理到销售导师的飞跃（www.amazon.com/Sales-Coaching-Making-Great-Manager/dp/0071603808）
- 成功辅导的7个关键（http://solutions.ccl.org/Seven_Keys_to_Successful_ Mentoring）
- 一分钟经理人（www.amazon.com/Minute-Manager-Ph-D-Kenneth-Blanchard/dp/0425098478）
- 成功——如何达到我们的目标（www.amazon.com/Succeed-How-Can-Reach-Goals/dp/0452297710）

4. 处理冲突。

- 处理与直接下属的冲突（http://solutions.ccl.org/Managing_Conflict_with_ Direct_Reports）
- 处理与同事的冲突（http://solutions.ccl.org/Managing_Conflict_with_Peers）
- 处理与老板的冲突（http://solutions.ccl.org/Managing_Conflict_with_Your_ Boss）

5. 通过变革进行管理。

- 适应能力：有效应对变化（http://solutions.ccl.org/Adaptability_Respon- ding_Effectively_to_Change）

6. 建立和培养你的团队。

- 从优秀到卓越：第三章《首先是谁来做……其次是做什么》（www.ama-zon.com/gp/product/0066620996#noop）
- 在团队中提及敏感问题（http://solutions.ccl.org/Raising_Sensitive_Issues_ in_a_Team）
- 建立团队的士气、自豪感和精神（http://solutions.ccl.org/Building_Your_ Teams_Morale_Pride_and_Spirit）

7. 主动倾听。

- 主动倾听：提升你倾听和领导的能力（http://solutions.ccl.org/Active_ Listening_Improve_Your_Ability_to_Listen_and_Lead）

参与者被要求完成以下三个任务：

1. 领导者候选人每周的任务从准备本周主题相关材料开始。举例说明，如果本周的主题是"处理冲突"，那么准备材料中会包含一些典型的冲突场景，然后让领导者候选人解释他们要怎样处理这些冲突。这些准备工作有效地检验了领导者候选人的自然本能，并且能让他们在实战之前先认真思考问题的解决方法。

> **通过为符合条件的销售人员提供正式的领导力课程来搭建领导梯队。**

2. 提交准备工作之后，领导者候选人应完成该周主题的阅读材料。他们可以将读到的通用解决方法与现实生活中遇到的问题结合起来。

3. 阅读完材料后，候选人们将与我（或在我们规模足够大时，与全职的领导力教练）见面，进行各种场景下的面对面角色扮演。角色扮演可以很好地评估候选人对知识的吸收和应用能力。以下是一些与领导力课程中涉及的主题相对应的角色扮演示例。

- **有效地提供负面反馈：**"你刚刚旁听了一名销售人员的产品展示。他的表现很糟糕，全程机械地背诵产品特点，暴露了他对产品知识了解不足，提问也毫无质量。下面我们来对此进行角色扮演。"

- **处理与直接下属的冲突：**"你的一名销售人员签了两个新客户，但两位客户都几乎立刻取消了交易，所以他的两笔提成都被收回了。很明显，两个销售流程中都存在管理客户预期的问题。然而该员工声称，两笔交易的取消都是售后经理对交接过程管理不当造成的。下面我们来对此进行角色扮演。"

- **建立团队精神与自豪感：**"在连续两个季度中，团队都没能实现业绩目标，只有不足 50% 的销售人员完成了指标。你听说团队中有人已经开始参加其他公司的面试了。此时的你需要鼓舞士气。下面我们来对此进行角色扮演。"

- **主动聆听：**"你的一位销售人员在走廊上堵住你，要求更换团队。鉴于此事的严重性，你告诉这位员工你正要去开会，但你希望会后立刻与他见面。下面我们来对此进行角色扮演。"

评估领导力的先决条件

在 HubSpot 团队中，任期长、资历老并不代表可以自动进入销售领导力课程，所有员工都必须要靠实力赢得资格。我们的准入机制包含三个先决条件：绩效、销售技巧和领导力潜能。

"绩效"是最容易评估的一项。比如连续六个月超越销售指标就可以满足"绩效"这一先决条件。员工不需要达到顶尖绩效，但是要持续达到目标。

对于"销售技巧"，我看重的是全面性。正如第五章中所说，我有很多员工在某一方面具有"超能力"，但是其他方面的能力参差不齐。比如第五章中提到的鲍勃，他多任务处理能力很强，能够出色地把控工作节奏，但在销售流程的其他方面，比如发掘需求和展示产品方面，则表现平平。他的超能力是什么？他是一头老黄牛，工作强度远远高于团队的其他人，并因此多次获得月销售冠军。如果我提拔他做经理，他的能力是否足以帮助一个不会打发掘需求电话的员工呢？恐怕只有当他负责的八个人都和他具有同样的强项时，他才能在辅导上发挥作用，但这几乎是不可能的，也不容易扩大规模。

我需要的是可以全面掌握销售技巧的领导者候选人。各方面技能"不偏科"的销售领导才能诊断出员工某一方面的特定问题，并针对问题制订辅导计划。所以我利用入职培训中的销售技巧考核来筛选培养对象。简而言之，我在每个技能领域设置了更高一级的业绩标准，能够达到或超过这一标准的员工即满足"销售技巧"这一先决条件。

最后,"领导力潜能"将通过候选人对团队的贡献进行衡量。一个人的团队领导力体现在方方面面,不一定要成为领导后才能体现。一线销售人员在会上提出了有见地的问题和评论,也是领导力的体现。他们可能经常主动指点新员工,可能会在新员工培训时主讲一个环节,或者帮助现有团队提升某个新技能。即使这个人还只是基层个体,我也有很多方法评估他是否拥有"领导力潜质"。

从教室到现实

距离筛选出合格领导者候选人还剩最后一步:他们需要有聘用、培养和管理销售人员的实际经验。完成销售领导力课程的候选人有机会雇用自己的销售人员。他们通过面试候选人,向管理层汇报自己的想法,并告诉我们最终的选择。一旦招聘完成,领导者候选人需要负责在前两个月培训和管理这名新员工。当然,作为后援,我们也会相应地给出建议。

这种方式给了销售领导者候选人日常管理角色的实战体验,帮他们评估自己是否正走在完成最后一跃的正确道路上。这个练习也为最终的技能培养提供了相对安全的环境。如果候选人犯了错,他也只会失信于一位新员工。在销售经理成长的早期体会"失去"一个新员工的感觉,比上来就带着八个人的团队乱摸索要好多了。

在正式晋升之前,让合格的领导者候选人在完成各自指标职责的同时,亲历招聘、培训和管理新员工的流程。

通常,很多公司培养领导者的方法是直接把他们放到"团队负责人"的岗位上。这意味着该销售人员既要完成个人工作指标,又要肩负管理小型团队的责任。我并不是很赞同这种方法。因为根据我的观察，这名"团队负责人"需要挣扎着平衡个人工作和管理职责两个方面，结果不是团队管理受影响，就是个人绩效受影响。经理只是管理机器中的一个零件。因此与传统的"团队负责人"架构相比，我对我们这种限定其职责范围和期限的架构更有信心。

事实上，临时的双重职责可以有效地培养一个人的时间管理能力，这对于销售经理至关重要。如果一位领导者候选人真的升职成功，拥有了属于自己的八人团队，他实际上能分多少时间给每个队员呢？通常是每周三四个小时。通过短期内在实现个人绩效和管理他人间寻求平衡，候选人可以锻炼身为教练的时间管理艺术。

新晋销售经理的共同难题

1. 高效的时间管理： 苏珊在两个月前升职为销售经理。她曾经是明星销售员，出色的销售漏斗管理者，永远条理清楚、精力充沛。她的状态带动了办公室里的每一个人。

但是自从她升职经理后，情况就变了。我注视着眼前的苏珊，看到的是一个面带疲倦、眼睛布满血丝、筋疲力尽的人。我对此并不惊讶，事实上，我经常看到这种情况出现在刚升职的销售经理身上。

新任经理对于他们实际上可以对每个团队成员进行多少辅导总是抱有不切实际的幻想。他们需要迅速意识到，一个经理的成功取决于他们的辅导效率，也就是尽量高效而节省时间地诊断问题、制订辅导计划并执行计划。

"苏珊，出什么问题了吗？"我问。

苏珊几乎喘不过气来，回答道："天啊，马克，白天的时间根本不够用。我感觉自己被同时拉向几百个不同的方向，等我回过神来已经晚上 7 点了，一天已经结束了。其他经理是怎么做到的？"

我有一套帮助新任经理渡过这一阶段的练习。眼下就是绝佳的练习机会。

"苏珊，帮我个忙，"我回应道，"在白板上写下你每周要做的所有工作，各个方面的工作，比如辅导销售人员、参加经理会议并给队员开会、参与交易、查看邮件等，把这些事情都写下来。现在算算你每周能花在每项任务上的时间。一周一共有多少小时？"

"102个小时！"苏珊惊呼。

"难怪你现在累得发疯。"我指出，"你需要削减一些工作的时间投入，但是削减哪些呢？每周几次的团队会议是必须要开的。电子邮件不能积攒，所以也需要时间处理。似乎我们唯一能改变的就是你花在辅导销售人员上的时间。你的计划上写着每周分给每个人六小时进行辅导，但是对于一个八人团队来说，你根本抽不出这么多时间来。你需要找到更有效的销售辅导方法。"

新晋销售经理需要理解他们花在辅导员工上的时间是多么宝贵，必须要提高辅导效率。

2. 经理越俎代庖，变成超级销售员： 几乎所有的销售经理曾经都是单兵作战。工作在第一线，他们能掌控自己的命运。哪怕有一个季度碰到挑战也不是太大的问题，无非就是下季度增加工作量，让一切回到正轨。

但是当这些销售员走上管理岗位时，他们无法再直接掌控自己的命运，而是需要通过团队成员来实现他们的目标。对于习惯于自己掌握命运的人来说，这会是令人沮丧又艰难的转型。

那他们怎么办？他们开始替员工打重要的电话。"你的下一个产品展示交给我好了，我来帮你做，我来搞定。"

这种状态非常危险，最终会压制和宠坏团队的销售人员。因为这些销售员不再需要自己去完成订单了，也就渐渐失去了对自己业务能力的信心。他们会变得消极，心里想着"只要我每次打电话都叫上我的经理，她就会替我完成这一切，这样无论成败都不是我的责任了"。

> **不要掉入新晋经理常见的职业陷阱：在销售辅导方面的时间管理能力薄弱、越俎代庖变成超级销售员、对新员工过早失去信心。**

这种方式根本没办法规模化。经理需要对她的销售人员保持耐心。看到销售人员操作失误还要保持沉默确实很难受，但是这对于销售人员的成长却很重要。他们需要经受一些挫折，然后再接受辅导。经理要教会销售人员如何自己解决麻烦并保持效率，而不是需要别人手把手地扶持。经理要成为高效的教练，精准地诊断技能短板，订制针对性的辅导计划，并有效地进行辅导。

3. 过早地丧失对新员工的信心： 如果一个刚刚结束入职培训的新人可以在电话里巧舌如簧，超越一个又一个业绩指标，并且保持良好的工作态度，那确实很令人惊喜。

但不幸的是，不是所有员工都能做到如此。很多时候我会收到经理的报告，说他们的新员工"搞不定"。一般销售经理越没有经验，我就会越快收到这种信息。

这就是我担心的问题：如果我们保持耐心，再给那些"能力较弱"的员工六个月的适应时间，很多曾经被认为"搞不定"的人会成为我们的明星员工。作为一个追求可预测性的人，我的脑子开始转了起来。

我一次又一次地看到经理们过早地放弃了他们的新员工。我们当然都喜欢看到新员工刚结束培训就能立刻上手。但是更多的时候，那些"能力较弱"的新员工只是需要一些有效的辅导和一个相信他们的主管，给他们几个月的时间，他们就能走上正轨。

在这种情况下，我给销售经理的建议是找出这些销售人员在销售流程中的技能缺陷，对他们进行针对性辅导，然后第二天检查成果。如果经理可以看到他们的进步，并且这些进步是持续的，那么这就是一个好的信号。虽然需要一些努力，但销售员显示出了学习成长的潜力，这就意味着他们将来有可能成长为高产的员工。不过如果经理在简单的技能缺陷上进行了辅导，但是某个新员工还是没能对其进行有效应用的话，就是一个不好的信号了。双方最好就好聚好散，让该员工找一个买方环境更能发挥他的特点的工作机会。

总　结

- 从团队内部培养未来管理层的时候，要注重领导才能，而不是通用的销售管理技巧。
- 通过为符合条件的销售人员提供正式的领导力课程来搭建领导梯队。
- 在正式晋升之前，让合格的领导者候选人在完成各自业务职责的同时，亲历招聘、培训和管理新员工的流程。
- 新晋销售经理需要了解他们花在辅导员工上的时间是多么宝贵，必须要提高辅导效率。
- 不要掉入新晋经理常见的职业陷阱：在销售辅导方面的时间管理能力薄弱、越俎代庖变成超级销售员、对新员工过早失去信心。

第四部分

需求生成公式

THE SALES ACCELERATION FORMULA

第十章

翻转需求生成公式——让买家主动找上门

过去半年，你接到过推销电话吗？你喜欢那样的体验吗？你和销售员有互动吗？后来你购买了产品吗？

你最近是否收到过不请自来的信件或电子邮件？你打开读了吗？你乐意收到它们吗？你为里面的产品掏钱了吗？

过去半年，你是否曾上谷歌搜索某个产品？你喜欢这个过程吗？你下单了吗？

你是否曾从信任的人那里听说过社交媒体上的某个产品？你深入调查这一产品了吗？你最终买了吗？

多年来我问过数百名观众这些问题。其中有MBA学生，有医生和律师，有科技企业家，有房地产经纪人……无论他们是谁，调查结果始终相同。当我问他们是否会因为销售电话和邮件购买产品时，很少有人举手。但当我问他们是否会购买自己从谷歌搜到的，或者社交媒体讨论的商品时，他们几乎都举手了。

前两组问题中提到的推销策略很扰人，让买家厌烦。在HubSpot，我们将这种策略称为"推播式营销"（outbound marketing）。推播式营销已经不管用了。因为买家已经对这类营销方式讨厌到专门研发屏蔽技术了。他们登记电话时会注明"请勿致电",用视频软件快进电视广告,通过垃圾邮件拦截器阻拦不请自来的推销邮件。

如今的买家依赖于网络,依赖于谷歌和社交媒体。在 HubSpot,我们将这些营销渠道称为"集客式营销"(inbound marketing)。买家无须和销售人员交谈、阅读广告或参观展会的展位。

买家可能会在某个周六的晚上待在家里时感到无聊,然后开始在网上搜索他们工作中遇到的问题。这个动作就是现代化销售和营销漏斗的开始。

讽刺的是,当我向销售和营销主管提出同样的调查问题,问他们把销售和营销的钱都花在哪里的时候,得到的回答却大不相同。

"你们花了多少钱在推播式营销上?比如打销售电话、直邮、广告和展会之类的?"

很多人在这些事情上花费颇多,反观效果,实在是差到令人尴尬。

"你们花了多少钱在集客式营销上呢?比如搜索引擎优化、社交媒体互动、自媒体推广?"

很多人在这方面几乎没有投入。

尽管从买家角度来说,市场营销从推播式营销转变为集客式营销的趋势非常明显,但出于各种原因,商家对于这一趋势的反应都非常缓慢。公司观测到了推播式营销策略的有效性下降,也观测到了集客式营销策略的有效性提高,然而公司依然继续将大部分创造产品需求的工作投入到推播式营销中。

不要犯这种错误。投资集客式营销,帮助买家找到你。

> 如今的买家依赖于互联网。现代化的需求生成策略意味着应该少用打扰性的推播式营销,而要更多地关注集客式营销。

如何让你的企业在谷歌搜索排名中名列前茅

每个商家都不惜成本地想排到上百个关键词的谷歌搜索顶部。这对他们业务的影响是巨大的。

但是该如何做呢？当适合你的买家搜索那些关键词时，怎样保证他们会一眼就看到你呢？

让我们来回顾一下搜索引擎排名算法的简要历史。你也许还记得谷歌不是第一个出现的搜索引擎。你还记得 Alta Vista 和 Excite 吗？它们才是搜索引擎行业的先行者。这些早期的搜索引擎会读取网页上名为"元数据"（metadata）的某些要素。这些要素（比如元关键字、元描述和页面标题）并不总是对用户可见。第一代搜索引擎会在网页上简单搜索这些要素（即"爬虫抓取"），并且根据网站的元内容对搜索结果进行排名。

乍一看，这种做法还挺合理。然而网络营销人员已经开始研究如何欺骗这一系统。他们会将诸如"棒球"之类的高流量词放在其元关键字中，从而吸引网站访问量。这些策略久而久之被称为"黑帽"策略。随着这些策略变得越来越流行，人们也渐渐成了使用"黑帽"的欺骗专家，搜索结果与原始搜索词的相关性大大降低，搜索引擎的核心价值也被损害。

这时谷歌出现了。在设计搜索引擎时，谷歌问："我们可以利用网站的什么属性来自动确定网站的相关性和权威性？"答案是"入站链接"。入站链接是另一个网站上的超链接，可以指向你的网站。我相信你已经看多过许多类似的超链接了。它们长成这个样子：www.yourwebsite.com。谷歌认为，如果很多人都链接到同一个网站，那么这个被链接的网站一定很重要。因为很难一拍脑袋就创建一个网站，还能立即说服成百上千的人链接过来。为了使这一算法更加有效，谷歌还考虑到了链接该网站的其他网站的重要性。比如，《华尔街日报》的链接和你16岁侄子的个人博客链接相比，影响力会大几千倍。

除了入站链接的质量和数量之外，社交媒体的兴起还使得谷歌将社交媒体的影响因素纳入到算法中。如果你的博客文章经常在社交媒体上被转发，或者你公司的推特账户有很多关注者，又或是你公司的 Facebook 页面有很多粉丝，那么谷歌也会予以关注。因为就像入站链接一样，人们很难在短时间内伪造大量的粉丝，并且与你发表的内容进行大量互动。所以如果有很多人关注你，并且有很多人在社交平台上转发或分享你发表的内容，那么谷歌就会认为你很可能是某个话题的意见领袖，然后就会在该话题的搜索结果中将你排在首位。

简而言之，这就是搜索引擎的工作原理。你需要大量的入站链接和强大的社交媒体影响力。这些都不能伪造，而是要真实地建立网站。而如果你达到了这些目标，就会在谷歌吸引到你的潜在用户，业务需求将会成倍增长，生意从此起飞。

接下来你可能会问："但是，我如何实现这些目标呢？我怎样才能从其他网站自然而然地获得很多的入站链接？我又怎样才能自然而然地建立起庞大的社交媒体受众呢？"

想要获得入站链接和社交媒体关注，你只需要做以下两件事情：

1. 经常发布高质量的内容（比如自媒体、电子书、网络研讨会）。
2. 参与你的目标客户已经参与的那些社交媒体讨论。

就是这么简单。这个简单的方法将使你的需求生成策略现代化，使你的业务与现代消费者的习惯保持一致，让你的业务被那些你最在乎的潜在客户看到。你不仅会在谷歌吸引大量用户访问，还会开始吸引宝贵的社交媒体受众。你将开始积累大量的自媒体订阅者，潜在客户也会开始给你发电子邮件，好让你继续将最新的产品内容发给他们。这些自媒体更新、优质内容制作和

成功的集客式营销来自两种策略：①持续的高质量内容产出；②经常参与那些你的目标客户已经参与的社交媒体讨论。

社交媒体参与可以推动谷歌搜索流量增长，是集客式营销的基础。它是保证潜在客户搜索关键词时可以找到你的基石。

罗马不是一天建成的

不少公司在踏上集客式营销这段旅程时犯的一个主要错误就是缺乏持续投入。他们为公司建立了自媒体和社交媒体账号，然后写了三篇文章在社交媒体上推广。什么事也没发生。于是他们开始怀疑：也许集客式营销对我的业务不起作用？

会起作用的，你只是需要更多的时间。我们经常用减肥类比用户的需求生成过程。如果你的目标是减 9 斤体重，你不可能在第一周去健身房三次就能减掉 9 斤。事实上，你的体重很可能不会有变化。但是如果你坚持几个月每周去三次健身房，你的体重就会开始下降了，你也会开始感觉更好。健身成了你的习惯，你无法想象一周不去健身房是怎样的感觉，甚至开始每天都去。只要你保持这个习惯，你的生活就会开始改变，越变越好。

集客式营销也是这个道理。你在第一周可能看不到结果，但是如果坚持几个月，每周都在社交媒体上发几次推送，你就会开始看到效果了。这将成为在你整个营销流程中根深蒂固的习惯，你无法想象一周不在社交媒体上发布原创内容是怎样的感觉，甚至开始更频繁地发布信息。只要你保持这个习惯，你的营销就会开始改变，变得越来越好。

要投入到过程中去。

打造内容制作流水线

每年我都会向听众介绍上述集客式营销的概念，在此之后会有 CEO 来找我，对我说："马克，我感到受益匪浅，谢谢你！我会记住每周发两次博客。"

此时我会微笑，为自己启发了他们感到高兴，然后回答："感谢您的支持，但是不幸的是，我认为您坚持不下来。"

"什么？这不就是你演讲的主题吗？重点不就是要改变我的行为吗？"

没错，但是CEO很忙，高管很忙，销售人员也很忙。他们夜以继日地工作，时间紧缺，并且要兼顾很多事情。前两周或许能坚持一下，但是随后就会出现优先级更高的事情，然后就停更了。

所以高管不要认为这是要自己亲力亲为的工作，而是要创建一条内容制作流水线，然后把这个流程委托给相关专家，这才是你应该做的工作。建立属于自己的内容制作团队并不容易，但是一旦建成了，最困难的部分就结束了。

让我们回到那个减肥的类比。你不能打电话给健身教练说："嘿，我今天有事不能去健身房，你能替我锻炼一下吗？"但是你可以在内容制作上获得一些帮助。

内容制作流程中的一个关键资源就是文案人员。文案人员掌握着未来客户需求产生的关键！没有人意识到这是一个机会，就连他们自己都没有意识到。好好利用这一点。你作为高管的工作就是在公司内部建立这种文案人员的影响力，借此推动客户需求的生成。

这可能会很棘手。培养这种新闻生产能力是你的工作中最难也最重要的一部分。你可以有很多种选择。一种极端选择是聘请全职的专业记者。好消息是很多记者都非常有才能，并且因为传统纸媒的衰败，优秀记者也有求职困境，找到他们，雇用他们。

另一种极端选择是找个实习生。你可以就近找一所新闻专业最强的大学，找一个优秀的学生，然后让他每周五早上都来办公室花半天写作。如果预算特别紧，甚至可以用课程学分来代替工资。

当然，这两种极端选项中间还有很多其他的选择。新闻业有很多自由职业者，所以你可以找一个自由职业的写手。或者，你有办公室行政文员吗？文员一般都有出色的书面表达能力。那么你能不能每周免去他们五个小时的工作琐事，让他们用来创作有价值的内容呢？

当你招聘记者的时候，不要太执着于对方是否了解公司的专业领域，他们不需要对你的产品、你的公司或者你的买家有太深入的了解。多了解一些固然有帮助，但是和出色的新闻技巧相比就没那么重要了。一个出色的记者和神经学博士聊一个小时，动动脑子，就可以写出一段有趣的内容。他们并不需要成为产品专家。

找到文案人员后，下一步就是组建意见领袖委员会，持续提供专业知识。公司中任何一个了解公司所在行业、产品价值定位和客户需求的人，都可以考虑加入。管理团队当然也应该参加。如果你销售的是科技产品，那部分工程师也应该加入进来。如果你和合作伙伴或者公司外部的意见领袖有合作，也可以邀请他们加入。一线销售人员也是委员会的宝贵资源，因为他们更了解客户，知道他们在购买初期会产生什么疑问，也准备好了对这些疑问的回答。他们懂得哪些答案可以引起买方共鸣。而这些问题和答案，就可以构成一篇漂亮的自媒体文章了。事实上，如果你检查一下销售人员邮箱中的"已发送"文件夹，就会发现他们通常会用一套标准话术来回答潜在客户提出的相似问题。这些标准答案的邮件就是很棒的自媒体文章来源。

有了文案人员和意见领袖委员会，就要将两者组合在一起，持续不断地产生内容。我将此步骤称为内容制作过程。假设你的意见领袖委员会有10个人，则内容制作过程可以照此设计：每周二上午9点，意见领袖委员会的一名成员会和文案人员进行一小时面对面采访。主题应该有趣一点，不要将你的产品作为主题。访谈应该涉及行业趋势、买家在购买过程中遇到的问题、可能与你的潜在客户产生共鸣的短语等。采访结束后，下次再轮到他就要等10周了，其他委员会成员将继续轮流接受采访。

一个小时的采访可以产生很多内容。从中，文案人员可以围绕所讨论的主题写 3 到 5 页的电子书，还可以对电子书中的具体议题写 3 到 4 篇简短的自媒体文章，然后可以就每篇自媒体文章中提到的报价、统计和趋势等内容在推特、领英和脸书上发数十条信息。虽然这些内容一两天就能写完，但是可以安排长达一个月的发布节奏。具体来说，这个月每天发一条社交媒体信息，然后链接到相应的自媒体文章，从而将感兴趣的读者引流到自媒体。自媒体文章的结尾可以是一句让读者行动的呼吁，"您喜欢 XYZ 上的这篇文章吗？也许您会喜欢我们同主题的电子书呢！"读者点击这段话后，会被带到一个登录页面，只需要提供姓名、电子邮件、电话号码和公司网址，就可以立刻免费获得这本电子书。

这个过程可以每周重复一次。如果你对此有热情的话，可以每周两次甚至一天一次。你的管理团队和高质量员工只要花费很少的预算和时间，就可以获得高品质的内容流量。现在你已经提炼了公司的集体智慧，然后在数字媒体上推荐给了买方。随着你发布的内容越来越多，更多的潜在客户会在社交媒体上关注你的公司，链接到你的公司网站和自媒体。正如我们前面所说的，社交媒体关注度与入站链接的增长将使通过谷歌搜索找到你的客户数量呈指数增长。感谢登录页面和免费电子书，它们帮你识别出了潜在的客户群体，因为只有想要免费了解更多内容的人才会访问这里。这是最好的集客式营销，也是可预测、可扩展的消费需求生成公式。

不要让公司高管和一线销售人员承担太多集客式营销的责任。雇个文案人员，组建意见领袖委员会，通过两者的协作源源不断地创作高质量的内容。

接下来让我们举个例子，看看事前事后的效果。假设每月有 1 万名访客访问你的网站，并且你的网站上有"联系我们"的按钮。结果仅有 0.5% 的访问者会转变成你的潜在客户，也就是每月新增 50 名潜在用户。这对中小型企业来说非常普遍。

现在，假设你采用了几个月的集客式营销策略，接下来通常会产生呈倍数增长的流量。假设它使你获得了每月 3 万名访客。与此同时，访客到线索的转换率也很可能由原来的 0.5% 上升到 3%。也就是说，你现在每个月可以挖掘 900 条线索，而在这之前只有 50 条！这将对你的业务产生脱胎换骨的影响。

用社交媒体辅助内容产出

内容制作流程的作用很强大，而通过频繁参与目标客户正在线上进行的讨论来补充内容，可以显著扩大内容制作的影响力。你的目标客户每天都在进行成百上千的在线对话，这些对话中有许多内容与贵公司产品为客户所提供的价值有关。社交媒体就像一个每时每刻都在举行的展会，你需要布置好展台并参与对话。

以下示例展现了你的目标客户会进行哪些交流，以及你要如何参与他们的对话。

你需要关注目标客户共同关注的自媒体，还要在下面写一些高质量留言，在留言上署名并链接回你的自媒体平台。如果你能在热门推文中抢到沙发并且成为热评，那可比买任何线上广告都要有用。有些博主很喜欢有人在文章下评论，他们会经常回复留言，也会注意到谁的留言比较有价值。所以如果你已经在他们的自媒体平台活跃了一段时间，就不要害怕通过电子邮件和他们联系。与博主建立紧密联系，邀请他们访问你的自媒体平台，询问是否可以向他们约稿，并将稿件发布在你的自媒体平台上，他们会很感兴趣。现在你的意见领袖影响力会扩大到新的目标群体了，并且更棒的是，你自然地获得了意见领袖地位，因为这个领域的"大V"[一]已经认可了你。这是不是很有用？

你可以尝试的另一个资源是推特。在推特上与目标买家关注相同的人，读他们的推文，然后转推那些有趣且与买家相关的推文。这样不少资深的推特用户就会回粉你。同样不要害怕和他们邮件联系。就像你对自媒体博主做的一样，建立友谊，请他们帮你推广。如果你之前已经主动转发了他们的推文，并且你的内容质量不差，那么即使出于礼尚往来，这些推特"大V"也不会拒绝帮你这个小忙。因为他们认可了你，他们的众多位粉丝也会认可你，而其中就有大部分是你的潜在客户。这是不是也很有用？

最后，找到你的目标客户聚集的领英小组，阅读他们提出的问题，回答与公司价值定位最相关的问题。不必过于急切地推广你的产品，事实上你根本不需要提，甚至都不用推广你的内容。你所需要做的就是对他们提出的问题给出优质的回答，增加你自身的价值，为他们提供帮助，展示你在这个领域的知识储备，然后人们就会顺着你的回答找到你的用户简历，接着发现你任职的公司，随后去了解你所在的公司，也就很可能会订阅你们的内容。这是不是很有价值？

社交媒体的参与准则不是只推广自己而不顾他人，那样既自私又自负，也不符合社交的意义。现实生活中擅长社交的人不会只顾谈论他们自己，他们会与人见面、提问、贡献价值。社交媒体同样也需要如此。根据经验，我的社交媒体信息中会有三分之一和我的公司有关，剩下的三分之二都是关于其他人的。

长尾理论

克里斯托弗·安德森（Christopher Anderson）十多年前在他的书中提

[一] "大V"指在微博平台上获得个人认证，拥有众多粉丝的微博客户，此处指某领域内有声望的意见领袖。

出了一个重要概念——长尾。长尾描述了这样一种情况,即从人们的需求来看,大多数人的热门需求会集中在头部,而个性化的、零散的、小量的需求会分布在尾部,形成一条长长的尾巴。这个概念对于集客式营销的成功至关重要,尤其是涉及选择主题内容时。

长尾概念如图10-1所示,而所谓长尾效应就在于它的数量上,将所有冷门的市场累加起来就会形成一个比热门市场还大的市场。

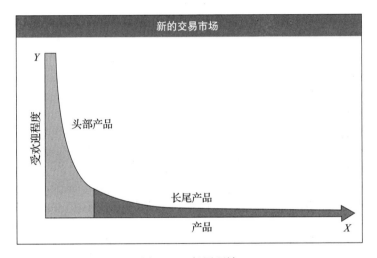

图10-1　长尾理论

让我们详细解释一下这张图。假设这张图展示的是今年出售的各种图书,标有产品的X轴代表今年出售的各种书的书名,Y轴代表它们的受欢迎程度,即每本书的总销售额。年度最佳畅销书将排在首位,其他书籍按总销售额沿X轴依次排列。也就是说,X轴最右端是销售量较小的书,而左侧第一本则是年度最佳畅销书,曲线下的区域代表了今年所有图书产生的总收入。

将这些收入细分可以帮助我们理解长尾概念。曲线头部下方的区域(浅色区域)代表了今年畅销书带来的收入,这是实体书店的主要盈利来源。因为受实物存货量的限制,商家需要优先销售那些肯定畅销的书籍。不过它们的潜在利润也只限于头部的浅色区域了。

作为一个读者，如果我想买的是一本写于多年前的，现在已经不再流行的旧书，我肯定不会去当地的实体书店找，因为就算去了也没有现货。那么我会去哪儿找呢？当然是去 Amazon。而 Amazon 脱颖而出的途径，尤其是在早年间，就是通过做曲线中的"尾部"生意。在不少行业中，尾部的盈利空间其实是大于头部的，并且更重要的是，竞争更小。互联网使我们可以利用尾部区域的需求吸引客户，这一思路反映在影视行业是 Netflix 和 Blockbuster 的对比；反映在视频行业是 YouTube 和有线电视的对比；反映在音乐行业是 Spotify 和 Best Buy 的对比。

那么如何将长尾理论应用于你的领域呢？当你着手建立内容制作流水线时，请关注尾部区域而非头部，特别是在选择目标主题的时候。举个例子，如果你是 IT 销售行业，那就不要关注" IT 顾问""信息技术"之类的词汇。这些词位于曲线头部，每月有数百万次的搜索量，相对的排名竞争也非常激烈。与此同时，有小部分你的优质客户不关注这些热词，而是关注" SharePoint 实施㊀""制药企业 IT""VoIP 托管"之类的小众概念。这些小众词汇每月的搜索量虽然没有数百万之多，但也成百上千，而且搜索这些特定词汇的人可能比那些搜索位列曲线头部的词汇的人更适合你的业务。如果你发布的每条信息都针对"长尾"的不同部分，每条内容都会吸引数百位高质量的潜在客户，那么按照这个策略发布的信息越多，拥有的长尾份额就越大。如我们之前说过的，长尾通常比头部更有价值。

将你的推广内容集中在"长尾"话题上。这些话题的竞争程度较小，你将更有可能吸引到你的目标买家。

本章节介绍了集客式营销的基础知识，以及如何用它来让你的需求生成

㊀ Sharepoint 是微软开发的一个企业级的协作平台。——译者注

策略更现代化。如果要更深入地了解这一概念，请阅读 HubSpot 联合创始人布莱恩·哈利根和达迈石·沙所著的《集客式营销》。

总　结

- 如今的消费者依赖于互联网。现代化的需求生成策略意味着应该少用打扰性的推播式营销，而要更多地关注集客式营销。
- 成功的集客式营销来自两种策略：①持续的高质量内容产出；②经常参与那些你的目标客户已经参与的社交媒体讨论。
- 不要让公司高管和一线销售人员承担太多集客式营销的责任。雇个文案人员，组建意见领袖委员会，通过两者的协作源源不断地创作高质量的内容。
- 将你的推广内容集中在"长尾"话题上。这些话题的竞争程度较小，你将更有可能吸引到目标客户。

第十一章

将销售线索转化为收入

一个月中至少有 5 次，我会收到来自 HubSpot 某位客户经理的这样的邮件：

马克，

我们的一位客户可能需要你的帮助。这位客户 6 个月前在 HubSpot 网页上注册为会员。他们在集客式营销上做得不错：刚注册时，他们每个月从官网得到几十条销售线索，现在他们一个月有超过 500 条销售线索！

可问题是他们的销售员不买账，他们坚信这些销售线索的质量很低。你能与他们的市场总监和销售总监打个电话，帮助他们找出解决方法吗？

我当然很愿意帮忙，而且每次我都会发现问题大同小异。有些问题是由市场部门处理线索的方式导致的，有些则是由销售部门处理线索的方式导致的。我会在本章中详细阐述这两种问题。

市场部门在将销售线索转化为收入过程中的角色

互联网赋予了买方更大的权力。在很多情况下，购买过程的最初几个阶段都发生在线上。因此，市场部门在销售流程中扮演了日益重要的角色，包括培育潜在客户并找准合适的节点把销售线索转给销售部门。

接下来我会阐述市场部门在与销售部门合作把销售线索转化为收入的过程中最常犯的错误，以及最佳实践。

最常见的错误：不要一次性把所有的销售线索都转给销售部门

设想一下你就是本章开头所描述的那家公司的市场部门负责人。半年内，你使公司网站获取的销售线索总数从每月几十条飙升至500条。你真是位英雄！你将使公司走向下一个阶段的成功！你的条件反射是尽快把这些销售线索交给销售部门，好让销售团队可以将其转化为客户和收入。

这里有一个问题：不是所有集客式营销带来的销售线索都能顺利成交。事实上，大部分是不能的。让我们一起感受一下集客式营销和推播式营销获得的销售线索的区别。二者之间的差异如图11-1所示。

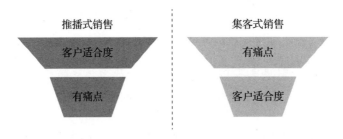

图11-1　推播式销售与集客式销售

左图代表推播式销售。推播式销售是从一个"估计应该适合"的目标客户名单开始的。如果目标客户是《财富》5000强的电信公司，那么这家公司会购买一份《财富》5000强电信公司的CEO名录。接下来，销售团队和市场团队会对名单上的潜在客户展开猛烈攻势，包括直邮、推广邮件、定向广告或者是直接打电话，希望能有1%的人对这种不请自来的推播式销售做出回应。如果有人回应，那么他们也许确实有某种"痛点"，因而被触发做出回应。

右图代表集客式销售。集客式图表和推播式图表正好相反。大部分集客式营销生成的线索都有"痛点"急需解决，不然他们为什么要用谷歌搜索、读一篇博客文章或者下载一本电子文档？不幸的是，不是所有的集客式线索都是合适的买家。有些销售线索指向很好的潜在客户，因为他们是《财富》5000强电信公司的管理层。这些就是好的线索。他们代表着合适的公司里的合适的人，而且他们公司存在你的产品所能解决的"痛点"。不过，有些线索却并不指向潜在客户。比如有些线索就会指向为自己的论文进行调查的博士生。这些线索可能永远不会转化为你的产品买家。

如果有一些集客式线索并不指向潜在客户，这也不代表集客式策略的失败，只是这些线索需要以正确的方式处理。让我们回到这一章开始的例子，就是当市场部已经使用了集客式策略且每个月得到了500条销售线索。让我们选取一种极端的情况，假设每个月中只有10%即50条销售线索是适合的，这50条线索的质量很高。因为这些公司都有着你能够解决的"痛点"，所以他们是你们完美的客户。与传统的推播式营销相比，这些线索可能花费一半的时间，却以两倍的速度达成交易。这是绝佳的情况！

问题来了：如果市场部把所有的500条集客式销售线索都交给销售部，这里有50条好线索和450条差线索，销售团队一定会厌烦。为什么？销售团队需要在每十条线索中费力淘到唯一可靠的那一条，这太令人沮丧了。

所以让我们来优化一下这个流程。如果市场部门过滤这些线索并且只把那50条好的销售线索给销售部门，对方就会认为他们有着这个世界上最好的市场团队。他们会赞扬市场部门，还会求着公司对市场部门加大投入。

当一个公司处在集客式营销的初级阶段时，销售线索的过滤处理并不需要非常复杂精细。在很多情况下，市场团队的人只要简单地筛选一下这些线索，然后把最佳的线索转给销售人员。在集客式营销的初期阶段，销售线索流入的速度还很慢,这种人工处理是可以实现的。但随着线索流入速度的加快,就需要采用更先进的技术来筛选线索了,我将在这一章之后的部分谈到这些技术。

避免片面追求销售线索数量的误区

当市场团队的集客式销售线索流入量增加时,他们往往会引入线索评分系统。通常来说,这是一个聪明之举。不幸的是,线索评分这一系统的实施方式却常常弊大于利。

当线索评分的算法变得越来越复杂的时候,问题就出现了。这是一个很常见的现象。举例来说,市场团队可能会宣布,"如果一条线索的评分超过了50分,就可以转给销售部门。"仅仅看这句话,好像并没有什么问题。但是这里的50分意味着什么?评分的算法是如何运行的?

在很多情况下,评分算法是基于一系列过于复杂的元素。举例来说,如果一条销售线索留了邮箱地址,加2分。如果线索来源阅读过产品报价单,加7分。如果线索来源要求做产品展示,加10分。下载一本电子文档加5分,此外每增加一本电子文档的下载再加2分。有很多种组合可以让线索的评分达到50分,或者低于50分。但你如何判断刚超过50分被转给销售部的线索是否总是好线索呢?依据评分规则,一个在周六晚上下载了20本电子文档的创业公司实习生留下的销售线索可能会被转给销售团队,而另一个浏览了一个网页并要求做产品展示(但没有进一步的行动)的重要客户则可能不会。

在HubSpot,我们尝试过销售线索评分的方法,但是遇到了我刚才提到的问题。我们逐步形成并实施了一种我们称为"买方画像/买方流程"的矩阵,或是简称为买方矩阵的替代方法。买方流程矩阵的一个例子如图11-2所示。

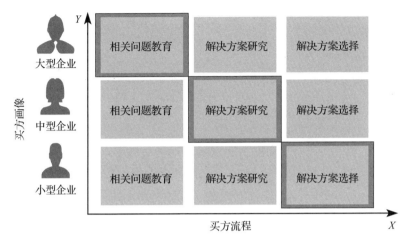

图 11-2 买方画像 / 买方流程矩阵

矩阵的纵轴（Y 轴）展示了公司不同类型潜在客户的买方画像。从根本上讲，买方画像是由买方的不可改变的静态属性决定的。这些属性包含业务规模、所在行业、买方角色等。从图 11-2 所示的例子中可以看出，我们共有三种买方画像：小型企业、中型企业和大型企业。

矩阵的横轴（X 轴）展示了买方在交易过程中经历的不同阶段。这些阶段很可能会发生改变，而且可能变化得很快。在这个例子中，买方购买流程中有三个阶段：相关问题教育、解决方案研究以及解决方案选择。

随着买方画像和买方流程的确定，我们的买方矩阵就确定下来了！这个 3×3 的矩阵提供了九种独特的"买方状态"，其中每一种买方状态代表着一种特定的买方画像在购买流程中的某一特殊状态。我们现在要做的就是根据每个买方的画像与他在购买流程中所处的位置来为他定制买方体验。我们可以调整我们的市场营销、销售、产品和客户服务来匹配对应的买方状态。

举例来说，假设有一个潜在客户处在"小型企业 / 相关问题教育"这一买方状态。我们应该基于其买方状态努力为他定制在我们这里的完整购买体验。当这位潜在客户在访问我们的网页时，他应该收到请求，推荐其下载"2014

年小型企业市场营销趋势"电子书。销售员在与他联系时，应该谈及我们为处于买方流程初期阶段的客户教育所设计的信息。

如果我们在和处于"小型企业/解决方案选择"状态的潜在客户沟通，在其访问网站时发送的请求应该是推荐其阅读一个与他同行业的小型企业客户的案例分析。当销售员与这位潜在客户接洽的时候，应该谈及与其类似的客户使用我们产品后的投资回报率（ROI）报告。潜在客户的整体购买体验应该根据其买方状态不断优化。

当你刚开始建立买方矩阵的时候，不需要追求高度定制化，或者是立刻全面测试每种买方状态的购买体验。相反，你应该针对不同情况采取一些最基本的举措，利用你的直觉，形成基础理论。

一旦基础理论建立好了，要确保你有办法评估对不同买方状态所采取措施的合理性和有效性。每个月有多少买家会进入各种购买阶段？有多少买家会推进到下一阶段？有多少买家会停滞或者放弃购买？他们会在哪里停滞或者将会在多久之后停滞？

一个严谨的买方矩阵评估策略能够帮助你分析、测试和优化整个模型。每次研究应当只针对一种买方状态。你可以复盘并且判断公司在哪个买方状态表现不佳，这也代表了最好的改进机会。你应该分析公司在这个买方状态的表现，深入观察那些在此阶段进展迅速的买家。他们浏览了哪些内容？他们做了哪些动作？你的公司采取的哪些举措加速了他们的进程？接下来深入观察在此买方状态下受阻停滞的客户。不要害怕靠电话询问来分析他们在买方流程推进过程中遇到的障碍。形成一些理论来分解这些问题。做实验进行优化并且切实改进，然后再对下一种买方状态进行研究。

使用买方矩阵来决定什么时候把线索交给销售部门

在设计好了买方矩阵后，让我们回到最初的问题：每种类型的销售线索应该在什么时候被转给销售部门？我们要用买方矩阵来分析处理这个问题。

对每种买方画像的分析都应该从一个理论假设开始。假设我们想把来自"大型企业"的销售线索在购买流程的早期阶段，也就是在"相关问题教育"阶段就转给销售部门。直觉告诉我们来自更大型的企业客户的潜在收入会更高。如果一个来自《财富》500强公司的员工竟然浏览过我们的网站，订阅了我们的自媒体，或者是在社交媒体上提到了我们，我们可能想要立刻派销售跟进。

对于"中型企业"，假设我们想要在"解决方案研究"的阶段再把这条线索转交给销售部门。这些有着中等市场规模的公司可能不像大型企业的客户一样会带来很高的收入。市场部门会培养这些买家通过"相关问题教育"的阶段。一旦买家的行动表明他已经达到了"解决方案研究"阶段（可能是下载了产品信息或是要求产品演示），他们就会被转交给销售。

对于"小型企业"，假设我们想要在"解决方案选择"的阶段把这条线索转交给销售部门。小型企业的预算有限，因此收入潜力也低。但是这样的潜在客户量非常大。市场部会培育这些买家通过"相关产品教育"和"解决方案研究"阶段。当买家进入"解决方案选择"阶段（比如开始主动使用免费产品）时，这些线索就会被转给销售部门。

理论成型之后，按照相应的计划把销售线索转交给销售部门，并按销售漏斗监测线索的转化成功率。如果针对某一买方画像的销售线索转化率明显很低，就应该考虑把"转给销售部门"的时间点往矩阵右边移动。这就需要市场部门在把线索转给销售部门之前继续培养潜在客户。如果某一买方画像的销售线索转化率明显很高，就应当考虑把"转给销售部"的时间点往矩阵左边移动，尽早把线索转给销售部门！

每个买方画像的销售线索转化过程的示例见图11-3。

买方画像	转给销售的线索数量	销售线索到成交的转化率	成交客户数量	总收入	来自每位客户的平均收入
大型企业	1 500	3%	45	3 150万美元	70万美元
中型企业	7 000	6%	420	8 400万美元	20万美元
小型企业	11 000	20%	2 200	8 800万美元	4万美元

漏斗表现

图 11-3　分析把线索转给销售部门的时间点

这个例子中，我们在第三季度末对所有在第一季度中生成的销售线索进行了分析总结。如此，这些潜在客户就拥有充分的时间来推进其买方流程了。

让我们看看大型企业组。总共有1500条新销售线索进入了"相关问题教育"阶段并且在第一季度就转交给了销售部门。在第三季度末，3%的线索已经转变为共计45位正式客户。这些客户的年度平均合同金额是70万美元。

在中型企业组中，有7000条销售线索被培育到了"解决方案研究"这一阶段，然后在第一季度转交到销售部门。在第三季度末，6%的线索转变为共计420位正式客户。这些客户的年度平均合同金额是20万美元。

在小型企业组中，共有11 000条销售线索被培育到了"解决方案选择"阶段并且在第一季度转交到销售部门。在第三季度末，20%的线索转变成了共计2200位正式客户。这些客户的年度平均合同金额是4万美元。

在转化率数据就位之后，我们就可以开始优化每个销售线索被转交给销售部门的时间点。举例来说，从上述数据中我们可以得出"小型企业销售线索转化率相当高"的结论。也许我们应该更早给这些对象打电话，而且要更积极地与接近但是还没有进入"解决方案选择"阶段的潜在客户联系。当然，这个假设可以通过实验来验证。与其等着小型企业买家进入"解决方案选择"的阶段，我们也许应该在买家处于"相关问题教育"阶段时就开始把这些线索转交给销售部。假设在进行这项实验之后，一共有 3 万条小型企业线索在培育到"相关问题教育"阶段就被转给销售。几个季度之后，这些线索中只有 5% 成为正式客户，即 1500 位。而小企业的年平均合同金额还是 4 万美元，并没有发生改变。

在这种情况下，实验失败了。原本小型企业的销售线索在"解决方案选择"这一阶段被转交给销售部门，能成功转化 2200 位年平均购买金额为 4 万美元的客户，总收入为 8800 万美元；实验中，这些线索在"相关问题教育"阶段就被转交给了销售，转化了 1500 位年平均购买金额为 4 万美元的客户，总收入仅为 6000 万美元。这表明销售队伍在前一种情况下表现得更为出色。如果销售线索过早被转交，销售团队可能会被大量的线索压垮，浪费了更多时间在渺茫的机会上，这最终拉低了销售产能。

通过市场细分成为买方矩阵专家

在这个案例中，我们是从非常简单的买方矩阵开始的。我建议你们在刚起步时也这样做。但是，当你对你自己的买方矩阵理解得更多、更深时，你会意识到，实战中发生的行为远比这个矩阵复杂得多。举例来说，在大型企业组，会有各种典型角色参与到交易的各个环节中。这些不同的个体都有自己独特的利益点。财务部、市场部、IT 部等都可能对最后的决定产生影响。我们要如何在买方矩阵中体现这些影响？在小型企业组，你可能会将产品销售给很多行业（比如科技、金融和医疗等）的客户。买方流程中会体现该行业独特的视角。而我们要如何在买方矩阵中体现这些不同的行业的特点呢？

当你对自己的买方矩阵越来越精通的时候，你可以进一步细分处理这些复杂的情况。以刚才提到的大型企业"多重影响者"为例，你可以把"大型企业"对应的这一整行拎出来，展开为一个新的矩阵。这一次的 Y 轴反映的是不同影响者的角色，比如终端用户、IT 部和财务部。我们保持买方流程不变。现在我们就可以进一步定制买方内部个体参与者在与我们打交道时的体验。比如，我会给潜在客户的 IT 主管和终端用户展示不同的内容，一切都会根据他们所处买方流程的阶段进行调整。

销售部门在将销售线索转化为收入过程中的角色

和市场部门一样，销售部门在处理集客式销售线索方面也需要优化策略。销售员在适应集客式线索的过程中遇到的问题，通常是出于同一个原因，即过去几十年的传统销售训练在处理集客式线索时并不适用。以下三种是针对处理集客式线索的需要进行改良的新式销售手法。传统销售手法，是处理集客式线索的大忌。

根据买方环境进行引导

你的名字是否曾经出现在某个销售员的电话清单里？你是否曾经在几周内接收到该销售员发来的很多语音留言？现在回想这些语音留言，它们是否有价值？你是否从中了解到对你有帮助的信息？还是说这些留言只是其公司"电梯推销"话术的复读机？

我在一天之中可能会接到 20 几个各种各样的销售员的陌生电访（cold call）电话。其中一个人先后来电的内容如下。

【周二上午 9 点】"你好，马克。我是来自 XYZ 公司的约翰。您想让您的销售团队接触到更多的潜在客户决策人吗？我们公司可以提供上千个《财富》

500强公司决策者的名字和联系方式。我们有先进的技术可以保证数据的精准度。请您今天给我回电,这样我就可以给您展示一些名单的样本了。"

【周四上午8点】"你好,马克。我是之前发过消息的来自XYZ公司的约翰。您想让您的销售团队接触到更多的潜在客户决策人吗?我们公司可以提供上千个《财富》500强公司决策者的名字和联系方式。我们有先进的技术可以保证数据的精准度。请您今天给我回电,这样我就可以给您展示一些名单的样本了。"

【周一上午10点】"你好,马克。我是XYZ公司的约翰。您或许还记得我们公司可以提供上千个《财富》500强公司决策者的名字和联系方式。我们有先进的技术可以保证数据的精准度。我希望能给您展示这些名单。请您方便的时候联系我。"

真是折磨!

听这些消息就够痛苦的了,我简直难以想象电话另一头的销售员,日复一日地发送这些千篇一律的语音留言时是怎样的感受。

这种方法不仅不适合任何当代的获客方式,更是把集客式线索扼杀在了摇篮里。你们的市场部门投资了大量的时间和金钱来吸引这个潜在客户,采用了与其买方环境高度相关的高质量教育内容。他研读你们撰写的自媒体文章的体验很好,通读了你们的电子文档,并且参加了你们公司举办的在线研讨会来更好地厘清他们面临的问题。联系到自己希望解决的问题,他认为你们公司聪明、能有所帮助并且案例内容与他们公司的情况高度相关。

然后他接到一位受过传统训练的销售员打来的电话,听到了之前提到的语音留言。

这可真是个灾难!市场部门做出的所有有效的集客工作都白费了。

看一下HubSpot的销售员是怎么做的。

【周二上午9点】"你好,约翰。我是来自HubSpot的马克。我注意到您从 Facebook 的市场最佳实践板块下载了一本我们的电子书。我浏览了贵公司的 Facebook 主页，并且想到了几个关于贵公司改进营销实践的建议。我现在把这些建议通过电子邮箱发给你，如果你想进一步讨论，欢迎来电。"

【周四下午 3 点】"你好，约翰。我是 HubSpot 的马克，之前发过消息。告诉您一个好消息！我发现我们公司有一位和您属于同一行业的客户，他们的 Facebook 市场战略获得了极大的成功。我现在马上把这个案例研究发给您，希望他们使用的一些特殊的策略及其预期结果能够给您一些启发。如果您愿意和我们一起研究，欢迎来电。"

【周一中午 12 点】"你好，约翰。我是 HubSpot 的马克。我使用我们市场营销的评分工具，对比了你和我之前提到的你同行业那位客户在社交媒体上的表现。他们的评分为 87 分，而你的评分为 54 分。我现在把这份报告发给你。结果显示你在 Facebook 之外的广大社交媒体网络中还有很大的发展潜力。如果你想了解一下这份报告，欢迎来电。"

....

对比这种以买方环境为导向的销售方法和传统的一连串"电梯推销"，你更愿意和哪种类型的销售员打交道呢？基于潜在客户背景的销售方法，以及这个潜在客户当时与公司的接触阶段高度匹配的情况，对于买方是有教育意义的、富有洞见的，是针对其买方环境个性化定制的。这将使买方自然地将与销售员的沟通视为明智而正确的选择。

销售员在尝试通过一系列语音留言和电子邮件与买方建立联系时，应该把这当成是一个交流的过程。尽管买方不常回电，但是他们通常会认真听这些留言。在每份语音留言中加入新的信息，把这些留言与买家已经和你们公司进行的互动结合起来。

我承认 HubSpot 在这种基于买方环境的获客方式上有独特的优势。我们潜在客户的痛点是众所周知的：社交媒体的展现程度不足、搜索引擎上的排名不够靠前、公司自媒体宣传的效力不足等，这些均不需要与潜在客户交流就能得到改善。这个优势可不是所有产品的销售团队都有的。

但这不意味着这招对其他行业就失效了。沿着潜在客户找到你的路径，你也可以了解他们的背景，包括他们读过的博客、下载的电子书。这些举动可以让销售员推测出潜在客户的特定兴趣，分享与这些特定兴趣有关的内容，并同时考虑对方业务规模、所处行业及其身份/角色。与其向潜在客户提议马上做产品展示，不如提议为其提供一次与其特定兴趣相关的免费咨询。你还可以请内部专家帮忙，发送这位专家的简介给潜在客户，并为他们牵线做电话交流。在这些基于买方环境的沟通中，会有很多成交的机会。

现在我们要说一个关于语音留言合理顺序的重要原理，它来自传统老派的销售策略。感谢我的父亲瑞克·罗伯格（Rick Roberge）教的这一招：不管销售员发送3条还是12条语音留言，最重要的是，最后的信息应该是"走向消极"的。

"你好，约翰。我是来自HubSpot的马克。我给您留过一些关于通过Facebook做市场营销的建议和最佳做法的语音留言，但尚未获得你的回复，因而我理解这并不是你今年的工作重点。如果该类营销再次成为你的重点，欢迎你随时致电。"

不管基于什么原因，"走向消极"的语音留言有最高的回电概率。其中肯定有什么心理因素起作用。在任何情况，如果你运用基于买方环境的方法给潜在客户带来了额外价值，他很可能会在收到这条语音信息之后给你回电。你已经提供了这么多有用的信息，他们怎么会想要中止这一段关系呢？

【潜在客户】"马克，很抱歉我之前没来得及给你打电话，最近实在太忙了。你发给我的信息给我很大的帮助，明天中午是否方便和我聊聊？"

【推销员】"抱歉，那段时间我已经有别的安排了。我们可以约明天下午两点吗？"

【潜在客户】"我在那段时间有安排，不过我想可以把时间调一下。如果你下午两点有空，那我们就定在这个时间吧。"

先联系执行层，再联系决策者

"找到决策者进行'电梯推销'。"

这是传统方法训练出来的销售员初次接触客户时的典型办法。找到一个决策者，针对能让他产生共鸣的内容，进行"电梯推销"。电梯推销强调的重点可能是提高利润率、加速增长或降低销货成本。

现在有一位经过传统方法训练的销售员接到了她的第一条集客式线索。这条线索指向的公司背景和她要推销的产品完美匹配，不过联系人并不是决策者，而是一个中层经理，或一线工作人员，甚至只是一个实习生。不幸的是，这位销售员并没有改变她的推销方法。她给这位联系人打了电话并且开始通用的"电梯推销"——一套为决策者设计的话术。

这又把集客式线索带入了死胡同，过程如下所示。

【销售员】"你好，约翰。我是来自XYZ公司的苏珊。你现在有空吗？"

【实习生约翰】"我想是的。"

【销售员】"太好了。约翰，我们有最先进的技术，可以帮助你们这样的公司降低20%的销货成本，从而提高利润率。我希望能有机会给你展示这项技术。不知道你明天是否有时间和我交流一下？"

【实习生约翰】"啊？"

这位受过传统方法训练的推销员挂断了电话，对着她的队友抱怨道，"这些销售线索真是太糟了。"

问题并不在于销售线索，而在于处理线索的方式。

这家公司确实是合适的潜在客户，但他们的第一接触点并不是决策者，而是一名实习生。

这其实也没关系。

想想这位实习生为什么要研究你们公司呢？可能是一位公司决策者让他研究的，因为就在此刻，有些相关问题对他们的业务来说非常重要！所以这意味着你的产品可以解决一个被决策者放在优先位置的问题。让我们以正确的方式来处理这个线索。

这里有两种销售员可以使用的策略。一种是忽视最开始线索所指向的联系人，直接与决策者取得联系。

"你好，玛丽。我是来自HubSpot的马克。我们收到了一些来自你的团队的询问，是关于如何从社交媒体中获得销售线索的问题。我对你们的Facebook网页进行了评估，并且有了一些更好地生成销售线索的想法。我会通过邮箱发给你。如果你想要讨论，欢迎来电。"

在这个例子中，我们从最初的联系人那里了解了买家关心的问题，并且推测决策者可能也有类似的痛点。这是一个合理的销售重点。

我倾向于选择另一个策略，就是先打给这条线索的联系人，然后再打给决策者。我把这种策略叫作"先联系执行层，再联系决策者"。当销售员给销售线索的直接联系人打电话时，销售员需要集中在联系人关心的内容上，即使这些内容未必是决策者的痛点。

"你好，约翰。我是来自HubSpot的马克。我注意到你从Facebook营销产生销售线索的模块下载了我们的电子文档。你有什么具体的问题吗？"

这种方法围绕着联系人关心的话题建立起了对话。其中，为潜在客户提供越多免费的建议和咨询越好。这样一来二去，销售员就与潜在客户建立了信任关系。销售员就可以顺势来询问对方组织的需求以及这些需求是如何产生的。举例来说：

1. 你是怎么决定要研究Facebook营销产生销售线索这个话题的？

2. 是公司里有人让你这么做的吗？

3. 你向谁汇报？他们最近对你提了什么要求？

4. 你们的 CEO 最近关心什么？她在最近的公司会议上谈了些什么？

5. 你能告诉我更多你们 CMO 关注的领域吗？

如果销售员对这种方法很熟练，她就能成功地把从集客式线索获得的直接联系人转化为一个"帮手"。不要把"帮手"和"决策者"混为一谈。在多数情况下，这个直接联系人并没有足够的权力来做决策者。换句话说，他不能对组织产生足够的影响来推动购买。不过，作为一个"帮手"，他可以提供关于这个机会的内部背景，这样销售员就能更有效地帮助这个组织了。

一旦完成与直接联系人的互动，销售员就可以给决策者打电话了。

"你好，约翰。我是来自 HubSpot 的马克。我已经和你们团队里的成员针对 Facebook 营销产生销售线索的策略沟通了一段时间了。我了解到贵公司最近决定在第四季度将销售队伍扩大 20%，同时还在积极地寻找能产生合格销售线索的新渠道，来提供给扩张后的销售队伍。我们有一个与您同行业的客户在通过社交媒体搜集线索方面做得很成功，得到的线索远超过您想要的提升 20% 的目标。你是否有空了解一下他们成功策略的细节？"

决策者很忙，很难联系上他们。不过，这条语音留言最大化了销售员获得沟通机会的可能性。

按照潜在客户的参与程度进行优先级排序

随机问你手下的一名销售员："莎莉，今天上午你走进办公室并且开始挖掘潜在客户的时候，是如何决定先给谁打电话的？"

如果回答是"我按照字母顺序整理了销售线索（潜在客户）"，这可不是一个好兆头。

不幸的是，按照字母表顺序联系潜在客户的情况在很多机构中很常见。

在有些情况下，公司会制定一套细分的方法，使得与潜在客户联系的顺序有规律可循。举例来说，今天是否要给 ABC 公司打电话取决于最后一次与该公司联系的时间，而这些潜在客户会据此在合适的销售员的拨号队伍里自动排队。这种方法能够有效地维护与潜在客户之间的联系，不过万事总有例外。

做个小测验：你的销售员接下来有两个潜在客户需要联系。你认为他会如何排序？

1. 昨天打过电话，不过两分钟之前潜在客户访问过公司网站。
2. 三天之前通过电话，但潜在客户迟迟没有后续行动。

很明显——打给第一个潜在客户并且越快越好！

潜在客户的参与程度是决定联系顺序的最好标准。不幸的是，很少有销售团队采用这种方法。随着你的市场部门转来越来越多被你们公司的网页介绍所吸引的销售线索（潜在客户），你的销售员需要配备能获知每位潜在客户参与细节的工具，这样他们才能根据这些信息采取行动。潜在客户的参与动作包括以下几种情况：

1. 访问了公司网站
2. 打开了销售电子邮件
3. 打开了我发送的"滴水式营销（drip marketing）推广活动"的电子邮件
4. 在社交媒体上提及了与我们业务相关的关键词
5. 在社交媒体上提及我们公司或者竞争对手的名字
6. 在推特上关注了我们的 CEO
7. 下载了我们的电子书

当这些行为发生时，销售人员需要及时知道，而且据此安排他们挖掘潜在客户的时间顺序。不要再按照字母表顺序打电话了，接触客户的时间顺序也没那么重要。

建立专门的集客式销售团队和推播式销售团队

就像我们在这一章中讨论的，对集客式线索进行销售需要一些新的技巧。出于这个原因，依据所负责的销售线索类型（集客式 vs. 推播式）对销售人员进行分工是个很好的办法。这种分工之所以重要还有一个原因：如果销售员一个月收到了 50 条集客式销售线索，同时被要求对储备客户进行陌生电访，他一般是不会做陌生电访的。人总会寻找那些通向成功阻力最小的道路，但如果不被分配集客式线索，而只能通过陌生电访完成销售业绩，他们也自会想法实现目标。

这就是 HubSpot 达到 1 亿美元收入所采用的办法。我们有一支团队专门负责给集客式销售线索打电话。他们通过特定策略与潜在客户沟通，做得非常出色。控制团队规模，优化每个销售员的线索数量，以及他们在每条线索上所花费时间——在这方面我们也做得十分出色。我们还有另外一支团队必须通过陌生电访来实现他们的销售目标。他们是业务推广代表，要进行陌生电访，并安排推播式交易专家与潜在客户会面。这支团队瞄准的都是与公司产品完美匹配的潜在客户，但他们需要做很多教育客户和创造痛点的工作。

这种根据线索来源进行专业分工的策略在"从零到亿"的过程中很成功。我曾经见过很多创业公司采用这一策略，并借此马上解决了销售员不愿意给集客式销售线索打电话或者是不愿意进行陌生电访的问题。在多数情况下，公司会从一个专门进行陌生电访的小团队，向能够进行集客式销售的混合型结构转变。最好的方法是挑选出表现得最好的销售员，然后让集客式线索在他们之间轮换。通过这种方式，他们可以开始逐渐掌握集客式导向的最佳销售技巧。你可以通过实验得出给每个销售员分配销售线索的最佳数量是多少,并且据此调整队伍规模。

留心,集客式销售团队往往有个借口,说达不到目标的原因是市场部门没有提供足够的线索。不管市场部门做得如何,集客式销售团队都需要使命必达。下面有两种办法:

1. 只将负责约客户的销售员按集客式和推播式策略来分组,负责关单的销售员不分组,这个人要处理所有的机会,并且和负责约客户的销售员一起,根据他们看到的客户参与程度来合理地分配时间。

2. 给每个集客式销售员都提供一组可供他们在集客式营销之外开展工作的潜在客户名单。

总结

简而言之,当市场部门与销售部门合作将销售线索转为为收入时:

市场部门需要:

1. 过滤销售线索。避免把所有的集客式线索一股脑地转交给销售部门。

2. 避免数量为王的误区。使用买方画像/买方流程矩阵来决定什么时候把销售线索转交给销售部门。

销售部门需要:

1. 先联系执行层,再联系决策者。在电话中,不要使用常规的电梯推销话术。

2. 按照潜在客户的参与程度进行优先级排序,而不是按字母顺序。

3. 考虑建立专门的集客式销售团队和推播式销售团队。

第十二章

利用服务水平协议（SLA）协调销售部门和市场部门

营销管理中有一句俗话被奉为圭臬：

"销售与市场，一对通常互相看不顺眼的冤家。"

每当我引用这句话时，观众的反应很有意思：有的哈哈大笑，有的莞尔露齿，也有的点头赞同。

但事实就是这样。

在很多机构中，销售团队和市场团队之间的关系是失调的。市场团队坐在办公室的这一头，内心认为销售团队是一群薪酬过高、以自我为中心、夸夸其谈却看不到公司战略全局的小毛孩。销售团队坐在办公室的另外一头，认为市场团队整天闲着做"美工"，但完全不懂什么是真正有价值的线索。这两个团队并没有协作，而是退守在各自的角落里，销售团队忙于他们的陌生电访，市场团队则忙于展会和企业品牌推广活动。

这样的关系在买方主导的世界中是致命的。买方在线上开始他们的购买流程，针对他们正经历的问题或者是他们希望寻求的机会进行研究。市场团队需要从一开始就参与交互，在买方流程的最初阶段培育线索，并在最恰当和最有利的时间点把潜在客户无缝对接给销售团队。销售团队紧接而上服务和引导潜在客户，为他们创造持续性的购买体验。

很幸运，我有 HubSpot 的 CMO 迈克·沃尔普（Mike Volpe）这样的完美搭档，我们从一开始就并肩作战。在 HubSpot 成立之前，我就在麻省理工学院结识了迈克。我们都崇尚定量分析，都很认同以买方为中心的范式转变，也都想要做大一家公司。我们知道促成销售团队和市场团队的协作是至关重要的，而不应该让这两大部门陷在失调的困境中。

> 销售部门和市场部门之间失调的关系在买方主导的世界中是致命的。

基于我们以定量分析为导向的方法论，迈克和我着手制定了一份两支团队之间的服务水平协议，即 SLA（service level agreement）。服务水平协议在 IT 领域中很常见，被用于量化一个 IT 系统的最低运营效率（例如每个月 99.999% 的正常运作时间）。我们制定销售部门和市场部门的服务水平协议，目标是两个团队的协作也能量化考评。

> 使用销售部门和市场部门的服务水平协议，用定义明确的、定量的目标来代替销售部门与市场部门关系中主观的和定性的方面。

市场部门的服务水平协议（SLA）

制定市场团队服务水平协议的第一步，是定义一条销售线索应该在什么时候被转交给销售团队。第十一章已经详细阐述了这个话题。决定依据最好来源于买方矩阵，对应的决策取决于潜在客户所属的买方类型及其与市场团队和销售团队的交互程度。

参考我们在第十一章中建立的买方矩阵，我们规定属于中型企业的销售线索在到达买方流程的"解决方案研究"阶段时会被转交给销售团队。具体而言，让我们假设一条典型的中型企业销售线索代表一个有着 1000～10 000 名员工的公司。同时假设，要让一条中型企业的销售线索达到"解决方案研究"阶段，潜在客户需要下载我们的产品信息文件或者是要求产品展示。如果市场团队提供了一条满足这些条件的销售线索，那么这条线索就不差，销售团队应该及时跟进。如果销售团队仍然拒绝这种类型的销售线索，那么有两种可能性，要么销售团队需要进行额外的处理销售线索的训练，要么市场团队服务水平协议需要做出改进，直到它能更好地定义什么状态下的线索对销售团队有跟进价值。

清晰定义了销售线索质量之后，还需要制定每个月预计的销售线索数量。迈克和我针对最佳的销售线索数量进行了很多研究。举个例子，让我们假设对于处理中型企业销售线索的销售员来说，合格线索的最佳数量是每个月150条。如果这个销售员每个月得到了这样150条销售线索，他每个月会和其中50%的潜在客户取得联系，创造25个有价值的销售机会，推动15个机会进入产品展示阶段，然后转变其中5个成为付费客户，由此完成他的创收目标。

基于以上假设，市场部门的服务水平协议是很容易计算的。如果中型企业的销售团队有10位销售员，每人每月需要150条合格线索，迈克就得每个月提供1500条合格的销售线索来保证其团队达到目标。以我的经验，能实现如此精准合作的公司，其销售团队与市场团队的协同能力能排进所有公司的前5%。

不幸的是，迈克和我发现这个精确的方法并不是世界顶级的。下面解释下原因。

在上述模型的条件下，如果一名市场营销副总裁访问了 HubSpot 的网站并且填写表格来下载产品介绍，这一举动将会生成一条合格的销售线索。为什么不呢，这是一条很棒的线索！如果另外一名市场营销副总裁访问了 HubSpot 的网站并很积极地试用我们的免费产品，这一举动也会生成一条合格线索。这也是很棒的线索！

那么你认为哪条线索能更快关单呢——下载产品介绍的，还是主动免费试用的？很明显是后者。因为它在买方流程中更进一步，已经达到了"解决方案选择"的阶段，而前者仍处于"解决方案研究"的阶段。在本案例中，主动免费试用的潜在客户的成交速度是下载产品介绍那位的许多倍。

现在让我们换个角度思考：你认为市场团队获取哪种线索更容易，是下载产品信息的，还是主动免费试用的？很明显，前者更容易！

记住这个逻辑，然后回头看我们市场服务水平协议规定的一个月 1500 条合格线索的指标，你认为销售团队会更经常接收到哪种类型的线索，是下载产品信息的，还是积极免费试用的？你认为我们网站上应出现更多的"行动号召"触点是什么，是"欢迎下载产品信息"还是"请开始免费试用"？当市场团队进度落后于服务水平协议的规定标准，准备紧急发一批邮件获取线索交差时，你认为这些邮件会针对哪种类型的销售线索，下载产品信息的，还是产品免费试用的？在所有情况下，答案都是下载产品信息的销售线索。

这两个团队并没有像我们期待的那样团结一致。销售团队更喜欢积极选择免费试用的潜在客户。但是，按照服务水平协议，市场团队把注意力放在下载产品信息的销售线索上对自身更为有利。即使我们已经将市场部门服务水平协议设计得很精密，依然疏忽了潜在客户的不同行为反映了其处在买方流程中不同阶段这一事实。设计服务水平协议的过程需要被进一步细化。

考虑到销售线索的不同质量等级，我们不再那么关注原始销售线索的数量，而是更关注每条生成线索中隐含的现金价值。以下是我们计算每条线索隐含现金价值的方法：

1. 针对每种买方状态，我们总结了这些销售线索最终转变为客户的平均转化率。

2. 针对每种买方类别，我们总结了销售线索所产生的客户的平均购买价格。

3. 随后我们把转化率与平均购买价格相乘。这一简单运算就生成了每条销售线索在其所属的客户画像/买方流程对应状态下的现金价值。

第 11 章中制定的所有买方状态的转化率、平均购买价格和销售线索暗含的现金价值如图 12-1 所示。

小型企业

买方流程	客户转化率	单位客户收入	线索价值
相关问题教育	1%	4万美元	400美元
解决方案研究	5%	4万美元	2 000美元
解决方案选择	20%	4万美元	8 000美元

中型企业

买方流程	客户转化率	单位客户收入	线索价值
相关问题教育	2%	20万美元	4 000美元
解决方案研究	6%	20万美元	1.2万美元
解决方案选择	25%	20万美元	5万美元

大型企业

买方流程	客户转化率	单位客户收入	线索价值
相关问题教育	3%	70万美元	2.1万美元
解决方案研究	10%	70万美元	7万美元
解决方案选择	30%	70万美元	21万美元

图 12-1　市场团队服务水平协议的制定基础

随着销售线索隐含现金价值计算的完成，市场部门服务水平协议就不再基于未加工线索的数目而构建，而是基于销售线索隐含的整体现金价值而构建。举例来说，市场团队每个月提供给面向中型公司的销售团队的不再是1500条合格线索，而是隐含现金价值达到1200万美元的合格线索。市场团队可以通过创造1000次产品展示需求，促成3000次产品信息的下载，或者是将两者有机结合来实现这个目标。不管是在什么情况下，统计学最终都会让销售团队得到足够的合格线索，实现他们的目标。

退一步讲，从本质上我们给市场部门规定了收入目标！销售团队并不是唯一一个应该对收入负责的队伍，市场团队也应该对此负责。

与对销售部门的要求类似，市场部门服务水平协议提供了一种将市场团队纳入收入配额体系的框架。

这一策略运作得很漂亮。在过渡到这种方法的一周之后，网站上的"用户行动号召"设计就由建议下载产品信息过渡到建议参与免费试用。销售团队对于线索质量的提升十分满意，市场团队也得到了他们辛勤工作应得的赞誉。更深层次的协同已经实现了。

在现实中，我们买方矩阵的颗粒度更高。矩阵中有大量的分区。不过，这个例子具体说明了制定市场营销服务水平协议的基本方法。你可以从层级比较高的分区开始。随着你对模型的了解逐步深入，你可以对分区进行进一步切分，使针对买方矩阵每个分区的策略都被打磨为最佳策略。

销售部门的服务水平协议（SLA）

服务水平协议是双向的。合作需要相互配合，销售团队必须承担他们的责任。如果市场团队能够保持较高的销售线索精准度，那么销售团队也应当有效地处理市场营销带来的线索。销售团队不能只是闲坐在那边提要求说，"多一点，多一点，再多一点线索！"

不过"有效地处理一条销售线索"意味着什么呢？

我对这个问题思考了很长时间。让我们从与跟进线索相关的一个简单问题开始思考：销售员应该在线索转化之后多久与对方联系？

市场上的很多数据会建议销售员在集客式线索转化后尽快处理这些线索。我同意。我针对这一理论进行了自己的分析，并且在 HubSpot 的实际环境下对其进行了确认。与几小时或几天后对销售线索进行电访相比，在几分钟之内进行电访带来的客户转化率呈指数提升。很明显，销售员处理刚转化的销售线索的时间跨度应该成为销售团队服务水平协议的一部分。举例来说，销售团队服务水平协议的其中一个方面应该是："每条来自网站的销售线索都应该在转化之后的一小时内进行电访。"

> **市场团队对销售团队负责，反之亦然。销售团队服务水平协议定义了销售团队应该做出的一系列行为，以保证每条销售线索都能被有效处理。**

接下来是另外一组问题：如果销售员对销售线索进行电访并且发送了语音消息，他应该在间隔多久之后再次尝试联系该潜在客户？销售员应该在当天晚上、第二天、还是下一周再次进行电访？销售员在放弃这条销售线索之前应做出几次尝试？作为销售团队的领导，我是应该一个月给每个销售员一条销售线索并让这个销售员给这个潜在客户打一千次电话，还是应该一个月给每个销售员一千条线索然后让他们给每个潜在客户打一个电话？

作为一个理工男，我研究了很多这类的问题。从这些分析中得到的结果示例如图 12-2 所示。虽然这些数据有一些改动，不过最终得到的结果和我们从实际分析中得到的结果类似。

在这个例子中，我一共分析了 50 000 条销售线索，其中有些线索只进行过一次电访（这是我不愿意看到的），有些线索被电访了 12 次。很明显，你给一个潜在客户致电的次数越多，你越有可能和对方实现电话沟通。不过，这么做也会消耗你更多的工作时间。那么，频繁电访和管理每条线索消耗的时间这二者之间正确的平衡点在哪呢？图12-2中的y轴尝试反映了这个问题的答案。y轴展示了x轴上每条销售线索电访次数的每个取值所对应的收益率。我们要寻找的每条销售线索的最优电访次数就是对应着最高收益率的次数。在这个例子中，图12-2说明了给小型企业的潜在客户进行电访的最佳次数是5次；对于中型企业，最佳次数就是8次；对于大型企业，最佳电访次数是12次。

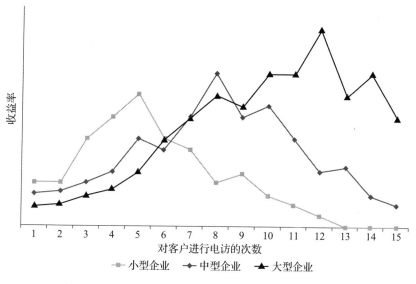

图12-2　销售团队服务水平协议的基础

得到了这些数据之后，我就准备好去指导销售团队了。我在团队面前举着图表解释说，"朋友们，我们总结出了理想的电访模式，这能指引你们为HubSpot带来更多的收入。"【掌声响起。销售员是收益驱动的。】

"朋友们，我们把这种电访模式通过编程写入了客户关系管理系统（CRM），所以你们根本不用为此操心。CRM会告诉你下一次对潜在客户进行电访的时间。"【掌声响起。销售员宁愿思考一些更困难的事情，比如如何破

冰与建立密切关系，而不是什么时候进行他们的下一通电话。】

"朋友们，我们做了一个每日更新的控制面板，你们的销售线索完全不会因为疏忽而溜走。"【掌声响起，只要你从一开始就建立了一个数据导向的销售文化。销售员喜欢有一个机制支持他们的工作。】

最后一点很重要。我们给销售团队和市场团队每晚发送一份日报，以保证每个团队都遵循服务水平协议的规定。市场团队针对他们的服务水平协议的执行结果如图12-3所示。

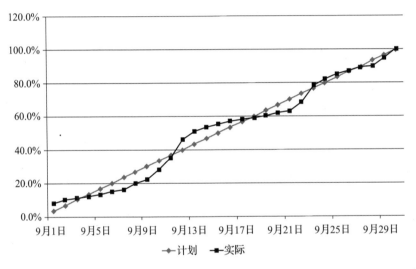

图12-3 市场部门服务水平协议日报

直线代表了从月初至月末理想的生成销售线索现金价值。曲线展示了每天实际生成的销售线索现金价值的情况。市场团队的任务就是努力使实际的曲线尽可能地接近理想的生成曲线。如果实际的销售线索现金价值在任意方向上偏离了理想的曲线，这就意味着出现了低效的现象。举例来说，如果市场团队在前三周的起步速度很慢，并因此在月末疯狂突击一周来达到他们的绩效目标，这会给销售团队带来大麻烦。在这种情况下，销售团队会在这个月的前三周闲得发慌，而在最后一周被销售线索的洪流淹没，应接不暇。

相反，如果市场团队在前几周超额完成任务，然后在这个月剩下的时间以极慢的速度生成销售线索，那么即使市场团队达到了他们的服务水平协议目标，销售团队也会很棘手。他们的处理速度在前几周难以跟上线索流入的速度，而因为不能尽快跟进，优质的销售线索可能流失。紧接着，随着时间推进，销售线索流入的速度越来越慢，销售员又会闲得发慌。使销售线索实际价值曲线和理想价值曲线尽量接近是执行的关键，尤其是当团队处在成长期的时候。

为了实施销售团队服务水平协议，我们开创了一个叫作"不要上榜"的统计界面。它的设计遵循着"销售极简原则"：如果有一个销售员上榜了，这就代表他违背了销售团队服务水平协议。举例来说，在"不要上榜"界面上，有一个图表展示了经网页转化生成后一小时内未跟进处理的新销售线索；一个图表展示了参与免费试用超过一周，被电访少于三次的潜在客户；还有一个图表展示了产品演示申请发出超过三天，联络次数少于两次的销售线索。明白了吧，当你的销售团队服务水平协议敲定之后，把这些关键的衡量标准编写进"不要上榜"统计界面，然后每天向团队公布。

发送日报以更新销售团队与市场团队的服务水平协议进展。以日为单位管理销售团队与市场团队的协同运作。

如你所见，使销售团队和市场团队协调运作的上述方法让迈克和我能够以日为单位管理业务，而不是按月或者是季度。通过明确定义、期望和量化目标，这两个团队都对他们各自的任务有了清晰的理解，并且会对另一个团队负责。销售团队和市场团队协作机制得以顺利运行。

总　结

- 销售部门和市场部门之间失调的关系在买方主导的世界中是致命的。
- 使用销售部门和市场部门的服务水平协议，用定义明确的、定量的目标来代替销售部门与市场部门关系中主观的和定性的方面。
- 与对销售部门的要求类似，市场部门服务水平协议提供了一种将市场团队纳入收入配额体系的框架。
- 市场团队对销售团队负责，反之亦然。销售团队服务水平协议定义了销售团队应该做出的一系列行为，以保证每条销售线索都能被有效处理。
- 发送日报以更新销售团队与市场团队的服务水平协议进展。以日为单位管理销售团队与市场团队的协同运作。

第五部分

技术与实验方法

THE SALES
ACCELERATION
FORMULA

第十三章

用技术实现更快、更好的销售

在过去的几十年中，商界的发展得益于科技的进步，财务部门能更好地处理预算，人力资源部门能更方便地管理人手，信息技术部门能更容易地管理数据，销售经理也能更容易地管理销售预测。

不过，科技有帮助到前线的销售员吗？

其实并没有。

大多数与销售相关的科技并不是为前线销售员服务的。它反而为销售员增加了工作量，他们要处理更多的事务性工作，从而使销售员无法进行电访，使销售员远离销售。

> 一直以来，销售技术都是为了销售管理者而开发的。以往的技术不仅不能为销售员服务的，反而导致了更多工作量。

销售技术曾经由于效率低下而被很多销售员拒绝，企业也为此饱受困扰。结果，花钱买了软件，真实价值（例如简化销售漏斗管理或预测分析）却被不完整的或者杂乱保存的数据所带来的负面作用抵消。

那么公司应该如何回应这个问题？应该完全避免采用销售技术吗？公司是否应该仅

仅让销售员"做好自己该做的事情"？

显然不是。

科技是推进销售增长的巨大机遇。技术的使用在 HubSpot 销售人员能力提升的过程中发挥了主要作用。即便如此，销售技术只有通过正确地使用销售技术才能提高效率。

现代销售技术带来了两个机遇：

1.更快地销售：通过消除销售员的事务性工作和琐事来加速现有销售流程。

2.更好地销售：通过捕捉买方痛点和使销售员知悉这一痛点来为客户创造更好的消费体验。销售员可以在最有效的时刻为潜在客户提供最有效的信息。

在这一章中，我会具体说明加速销售的技术是如何在销售流程的各个阶段使我们的销售团队受益的。在写这本书的时候，我和 HubSpot 最有天赋的产品主管克里斯托弗·奥多奈尔（Christopher O'Donnell）一起合作将这一加速销售的技术推向市场，这样每个销售团队都能从我们的思考中获益。从这些努力中产生的第一个应用是 Sidekick，可以在 www.getsidekick.com 免费获取。

> 公司应该全力拥抱那些让客户体验更好、销售员效率更高的科技。

用技术加速获取销售线索

销售流程中最耗时的步骤之一就是找到合适的潜在客户进行电访。我把这个步骤叫作"获取销售线索"。有一些公司尝试着通过购买可能是"合格销售线索"的名单，来优化获取销售线索的流程。不幸的是，这些努力往往只会得到一张质量堪忧的潜在客户清单，其中一些人甚至都不在所列出的公司里工作了。

另外有一些公司为他们的销售员订阅了数据资源，需要销售员自己过滤大量联系方式来找到完美潜在客户。可惜，由于这些数据往往不够准确和全面，过滤极为低效，浪费了销售员的时间。

当我们在 HubSpot 建立我们第一支致力于获取销售线索并进行积极电访的团队时，也犯了相同的错误。在购买名单和订阅数据资源之间沮丧地循环了几次之后，团队最终只得采取在谷歌上搜索的简单措施。销售员列出了一张他们认为会"适配" HubSpot 产品的公司清单，并从中选取关键词上谷歌搜索。

这一流程有效地带来了一些可以进行电访的合格公司。不过，用于搜寻这些公司资源的时间投入是不可持续的。以下展示了这个流程是如何运作的：

1. 通过谷歌搜索适合 HubSpot 服务的公司。
2. 点击第一家看上去有趣的公司。
3. 浏览网页，核实这家公司看上去是否真的适合使用 HubSpot 的服务。
4. 如果这家公司看似符合要求，在我们的客户关系管理系统中寻找这家公司，看看它是否已经被某个销售员"占坑"了。
5. 如果这家公司还没有归属于任何一个销售员，在网上调查并找出该公司参与采购决策的核心管理人员。
6. 进行额外的调查，寻找这家公司所属行业、收入情况、业务领域和联系方式以及公司核心管理人员的联系方式。
7. 把上述所有信息输入客户关系管理系统。

十次点击，十分钟，产生一条线索。

这套机械操作太耗时间了。

肯定有更好的方法。肯定有技术可以帮助我们更快地获取销售线索。

通过工程团队出色的工作，我们优化了获取销售线索的过程。以下是它运作的方式。

1. 通过谷歌搜索适合 HubSpot 服务的公司。

2. 点进第一家看上去有希望的公司。所有评估该公司的重要数据都会出现在网页的侧边栏。只通过一次点击，数据就能被添加到客户关系管理系统中。

只要一次点击，销售员就能马上获取公司简介、业务领域、收入情况、核心管理人员、客户关系管理系统的现有记录、账号所有权和历史联系的记录。作为反馈，在侧边栏的底部会出现与被评估的公司类似的其他企业名单。如果我们的销售员很喜欢正在浏览的线索，他可能也会喜欢 5 个类似的线索。只通过一次点击，销售员就可以查看这些推荐公司的信息并且把这些额外的销售线索添加到客户关系管理系统。

十次点击，十分钟。这次我们获得了十条线索！

使用旧的流程，花费一整天也只能发掘 50 条新线索。使用 Sidekick 技术，发掘 50 条新线索只需要不到一小时。这确实加快了销售速度！更少的事务性工作，更多与潜在客户互动的时间，更多用于销售的时间。

销售技术也可以在买方流程中为潜在客户创造更好的购买体验。一旦一家公司被加入了客户关系管理系统，销售技术就会向这条销售线索不断补充有用的客户信息。如果潜在客户曾有过任何与我们公司互动的行为，比如访问一次我们的网站，打开一封我们市场营销的电子邮件，或者是下载一份电子书，这条信息就会自动加入销售线索之中。潜在客户在社交媒体上的近况也会被自动加入线索记录。这些

销售技术通过捕捉客户信息并使销售员能够轻松获得这些信息，从而为客户创造更好的购买体验。

信息为我们的销售员透露了潜在客户的特定兴趣。接下来销售员就可以用更有意义的方式与潜在客户联系了。

用技术加速挖掘潜在客户

一旦得到电访名单，销售员就开始尝试与这些公司取得联系，比如留语音信息或发邮件。大多数组织把这个过程称为"需求挖掘"。

说到需求挖掘的联系顺序，很多人是根据上一次联系的时间，更糟的会依据字母表顺序。有的销售员在发送语音消息、发送邮件的时候，除了联系人和公司名变一变，其他内容都是千篇一律。先不追究基本的细节，每次动作都是相同的"电梯推销"。你可能也曾收到过这些滥发邮件，你有被吸引过吗？尽管市场对于这种营销方式极其抗拒，但我还是惊讶于仍旧有那么多的销售组织还在采用这一方法。

优秀的销售员会更精细地对销售线索进行分层处理。他们不再简单地按照字母表顺序或者是最后一次联系的时间对销售线索进行电访，而是基于线索的质量排出一个电访策略。这些销售员也会更加有效地对潜在客户采取定制化的推销策略。他们会查看公司的新闻，比如资金周转情况或者是企业获奖情况，还会关注新闻中提及的花边八卦或延伸信息。

浏览企业新闻看上去似乎很有用，但它是否真的增强了销售员引导这家公司达成采购的能力？找到该公司另外一个访问过产品网站的人对于销售员来说是否有额外的帮助呢？如果公司里有人打开了你们公司市场部门发送的电子邮件呢？如果公司里有人打开了销售员发送的电子邮件呢？如果公司里有人在社交媒体提及你们的竞争对手呢？对于销售员来说及时了解这些是否有用？这些信息是否比公司新闻更有意义？这些信息是否能帮助销售员在最合适的时间用最有益的信息与潜在客户联系？

当然！

我们通过技术手段在以上任何事件发生时及时告知销售员。这样他可以马上跟进，从潜在客户的举动联想到他们特定的兴趣需求。销售员此时应该主动出击，提供帮助，这时出击对潜在客户来说是有用的，这也使销售员与对方产生了更多的联系，从而加速了挖掘潜在客户的过程。

需求挖掘的另外一个方面是要准确记录与潜在客户间的每一个互动。如果做不到，意味着销售员失去了每条销售线索跟进情况的历史轨迹，这也意味着销售经理无从判断销售员是否在有效地工作。不幸的是，传统的销售技术并不能很方便地记录这些互动。参见下方，这就是一个完整且典型的端到端挖掘过程。

1. 点进第一条应进行电访的销售线索。
2. 调查公司新闻，以便在语音信息和邮件中提及。
3. 拨通电话，或者发送语音信息。
4. 在客户关系管理系统（CRM）中新建一个任务。
5. 把这一任务分类为语音消息。
6. 保存这一语音消息任务。
7. 编写一封邮件。
8. 发送邮件。
9. 在客户关系管理系统中新建一个任务。
10. 把这一任务分类为发送电子邮件。
11. 复制粘贴这一邮件到该任务。
12. 保存任务。
13. 在客户关系管理系统中新建一个在两天内跟进的新任务。
14. 保存任务。

请记住，销售员每次与潜在客户联系时都要执行该流程。这一流程在一天内可能会被执行超过 50 次！

让我们用技术来自动执行这整个流程。销售员只需要在他准备做需求挖掘工作时告知销售技术软件，系统就会挑出销售员应该尝试的第一条线索。同时系统会展示与该线索所有相关的内容，以便销售员快速吸纳并在互动中应用。然后系统自动拨出，如果没有接通，销售员会发送语音消息，系统会自动记录这条语音。系统还会提示销售员下一步应当发送邮件，并自动生成个性化的邮件，同步把邮件记录到客户关系管理系统中。最后，系统还会根据线索的类型匹配最优的线索，自动将下一步行动列入日程表。

由此，销售员不需要录入通话记录，也不用做事务性工作，这些都有系统为他服务。销售员只需要百分之百地专注于他最擅长的工作：销售。

通过消除事务性工作和自动捕捉数据，销售技术能够加快销售员的销售速度。

用技术促进与潜在客户的互动

传统型的销售员一旦和潜在客户取得联系，便喜欢把对方往预先构造好的销售流程上逼。他会沿着销售经理建立的流程一步步推着潜在客户走，却往往忽视对方的具体需求和偏好。他对每一个不同的潜在客户都套用相同的流程，分享同样的内容。这一流程本质上是基于销售员的行为和对交易的认知，而不是潜在客户的行为或是需求。销售员会这么向经理汇报："对的，我为他们展示了产品""是的，我问过他们有没有预算"。

上述过程看起来很完整，销售活动流程步步到位。不过，很多销售流程是"堵死"的。线索最终没有转化为客户或者是收入。事实上,这些销售流程的价值是虚构的,它并不真实存在。

在与潜在客户的互动过程中,销售技术提供了自然推进买方流程的工具,而不是把潜在客户塞进销售员设计好的流程中。理想情况下,一条线索的转化不应该由销售员驱动,而应该是由潜在客户自己采取的行为来驱动的。潜在客户认可那些电访的总结吗?他们是否主动发起了采购提议?潜在客户公司是否有一个副总裁或者是高管层的决策人参与了产品展示?是否有来自财务部门的人评估过我们提供的关于投资回收率的研究?这些举动是确定一条线索所处买方流程状态的更好的指示。理想状态下,这些行为会被技术工具捕捉,随着潜在客户活跃程度的变化,销售线索的状态会在系统里自动调整。这个流程消除了销售员主观判断的干扰,令销售漏斗和销售预期更为准确。

基于互动记录不断调整对销售线索的价值判断,也可以在最大程度上保证销售团队能够及时跟进买方流程中的每一环节。销售技术可以协助销售员完成这个调整过程。通过实实在在地理解客户画像(例如小型企业、中型企业、大型企业)和潜在客户在其买方流程中所处的阶段(例如问题定义、相关问题教育、解决方案选择),销售技术可以通过推荐最合适的产品及其相关材料来帮助加速这一过程。如果销售员正在和一家中等规模的医疗保健公司接触,调查它是否遵守了美国食品药品管理局(FDA)的最新指令,销售员所在公司产出的自媒体文章、电子报告或是在线研讨会中,哪一个是最可能与潜在客户所处的特殊买方环境引起共鸣的?如果销售员正在和一家制造企业接触,目标是用数字化营销支持其分销渠道,哪种案例在这一买方环境下是最有帮助的?公司为加速产出内容做出努力的同时,可以通过技术实现根据买方环境调整产品介绍材料,这意味着技术可以改进销售流程。这一类型的效率提升对买卖双方都是有益的。

通过技术实现自动汇报

这些使用科技的案例不仅给客户更好的采购体验、缩短了销售员的销售周期，也帮助销售部门和公司的管理实现了关键数据的自动收集。当技术真正帮助到销售员本人时，员工对技术越来越接纳，数据也就越来越真实、精确。

销售管理层对以下这些问题认知更清晰了：

1. 我们的潜在客户储备足以达成这一个季度的目标吗？

2. 我们在这个季度的总收入预期是多少？

3. 我们在买方流程早期阶段的行动策略和下一季度所需策略是否相匹配？

4. 每位销售员每天、每周或者是每个月在所有销售漏斗相关的工作（销售线索挖掘、发送语音信息、取得联系、需求发掘电访、产品展示等）中的表现排在什么位置？

5. 每位销售员现在的表现和历史表现相比如何？

6. 销售团队是否根据我们的销售部门服务水平协议处理每一条新生成的销售线索？

7. 是否有销售线索被遗漏了，特别是要求产品展示或者免费试用的高优先级的线索？

市场营销人员对以下问题认知更清晰了：

1. 我给出的销售线索是不是正依据销售部门服务水平协议进行处理？

2. 哪一类销售线索快速走完了买方流程，而哪一类没有？

3. 我们团队产出的哪些营销材料可以帮助到销售员？

4. 哪些介绍资料引起了最有效的客户互动？哪些PPT或电子报告大受欢迎？哪些则无人问津？

5. 销售团队是否使用了最新的介绍资料？

销售员对以下问题的认知更清晰了：

1. 哪一个潜在客户查看了我的销售邮件和介绍资料？
2. 我的销售业绩和团队里的其他人相比如何？
3. 我完成的销售动作是否足够实现全部的绩效目标？
4. 我是否忽略了某些销售线索或者是机会？

最重要的是，不用增加销售员的负担，所有这些参与方就能实现对以上问题更清晰的认知。这些数据是准确的，而且数据的捕捉过程是自动化的。

> 通过提供更准确的业绩汇报，帮助销售员的销售技术也可以帮助到销售经理。

总　结

- 一直以来，销售技术都是为了销售管理者而开发的。以往的技术不仅不能为销售员服务，反而增加了工作量。
- 公司应该全力拥抱那些让客户体验更好、销售员效率更高的科技。
- 销售技术捕捉客户信息并使销售员能够轻松获得这些信息，从而为客户创造更好的购买体验。
- 通过消除事务性工作和自动捕捉数据，销售技术能够加快销售员的销售速度。
- 通过提供更准确的业绩汇报，帮助销售员的销售技术也可以帮助到销售经理。

第十四章

推行成功的销售实验

优秀团队的核心理念应该是不断进取。无论公司处于成功还是失败状态，总有一种方法可以改善现有执行力、适应不断变化的市场动态，并扩展到新的领域。维护"实验文化"能很好地树立不断进取的核心理念。

让我们回到 HubSpot 成立的第二年。我们度过了愉快的第一年，并且很幸运能够将 Constant Contact 公司的首席执行官盖尔·古德曼（Gail Goodman）纳入董事会。当时，她一针见血地指出："过去的一年非常好，但你们做的实验还不够多。你们有一个很好的模型，它在起作用。继续尝试，别怕失败"。

> 优秀团队的核心理念应该是不断进取。销售加速的关键在于培养实验文化。

我谨记她的建议，现在我可以列出 HubSpot 销售团队中的数十种最佳实验，而这些最佳实验都源于盖尔的理念。销售加速的关键在于培养实验文化。我在其中融入了我最喜欢的几种方法，来营造这样一种实验环境。

普遍发掘实验创意

在 HubSpot，我们拥有所谓的"自下而上"的创新渠道。最具突破性的想法不一定来自高管或董事，而是来自前线销售人员。这些创意来自那些与潜在客户进行交谈、参与市场竞争并每天与客户展开合作的员工。我们雇用了非常聪明的人。当聪明的人在第一线工作时，他们会发掘规律、进行创新并且提出可以改变业务轨迹的想法。

> **管理团队的核心角色是创造一种鼓励创新的环境，而不是仅靠自己苦苦憋创意。**

我们管理团队的工作是创造一个鼓励创新的环境。我们的工作是激发员工的创新激情，而不是仅靠自己闭门造车。我们开展了内部的"黑客马拉松（hackathon）"。通常，一场黑客马拉松是为解决时下某一特定问题而举办的，例如客户对新功能的接受速度过慢、竞争对手推出了新产品或者内部文化出现问题。公司会向员工发送一条消息，说明问题情况，并请有兴趣的人一起头脑风暴。大多情况下，活动就在当晚，也就是收到信息的几小时后，现场提供比萨和啤酒，参与者有时多达数百人，这非常有趣。

黑客马拉松正式开始后，组织者将会向参与者阐述现存的问题，并设定头脑风暴的议程。接下来，任何有想法的人都会花一两分钟向观众解释他们的想法，所有创意都会被记录在白板上。大约 30 分钟之后，观众可以对白板上记录的各种创意进行评估。排名前十的创意会被挑选出来，围绕每个创意都会建立一个小型突破小组。小组会花大约一小时讨论分配给他们的创意，并设计一个实验来实施这个创意。计划完全成型后，每个团队都会向大家介绍详细的实验方案。

如果一个创意结构简单、花费低廉，会马上被相关业务人员认领执行。

对于需要大量投资且很有前景的想法，参与头脑风暴的小组会在专门的实验委员会会议上向管理团队介绍他们设计的实验，公司领导层将决定是否为实验提供资金。如果该创意得到了资助，它就会被添加到公司的创新列表中。创新列表中的项目每个月都会受到监督，团队也需要准时向实验委员会汇报他们的项目进度。委员会提供指导意见，并决定是否继续实验，是否提供额外的资源支持，或者叫停某些项目，为其他创意提供发展空间。

创新文化的另一个关键要素是整个组织的透明度。成功的创新文化要求所有员工都觉得自己是其职能领域的"首席执行官"。要成为首席执行官，他们需要全面了解其职能领域中发生的事情。因此，所有员工都可以查看每月的财务数据。财务数据会在公司会议上公布，也会在公司公告板上更新。业务整体以及每位高管所负责的战略重点都会发布在公司公告板上，也会在公司会议上接受审查。运营计划的进度更新也会每月向全公司报告。客户满意度会通过每月的口碑调查来衡量。这些报告收集的原始数据和重点摘要也会向全公司公开。每季度会进行一次员工口碑调查。该调查的原始数据和重点摘要也会向全公司公开。公司论坛非常活跃，管理团队经常回复大家的问题和评论。沟通金字塔（communication pyramid）是在过去的组织中常常出现的问题，HubSpot则利用技术使得沟通更加扁平化，从而解决了这个问题。

创新文化的最后组成部分是在组织内为"创新"找到职业发展路径。员工在HubSpot追求的基本职业路径有三种。领导岗位是其中一个方向。一旦建立了职能专长，这类员工便开始接受领导力培训，并在组织范围内寻求管理机会。另一个方向是"职能专家"。一名职业销售也许想创造更大的个人价值，一名职业工程师也许想成为一名编程大师。我们积极为有共同愿望的人们建立明确的、有吸引力的道路。第三个方向就是"创新"渠道。这些员工最热衷于开拓新领域。他们是黑客马拉松、公告板话题和其他创新计划的主要参与者。他们中的许多人最终会被选中去领导某项实验。最重要的是，如果能够成功，那就是他们在 HubSpot 新的职业发展路径的起点。公司中存在着通过创新渠道晋升管理层的领导，这就是我们创新文化强有力的证明。

执行实验的最佳实践

随着销售团队规模的扩大，同时开展多个实验对我来说并不稀奇。我们会对新的需求生成策略、潜在市场、销售方法论及新产品进行各种实验。充满活力的 HubSpot 合作伙伴计划、积极的国际扩张策略以及对销售方法论的改进都源自我们的实验体系。

为什么不在进行重大改变之前先进行小规模的测试呢？

多年来，我们密切关注开展成功实验所需的通用流程。这些流程如下：

1. 设定明确的目标和量化成功的指标： 这听起来显而易见，但是你会惊讶地发现在实际实验的设置过程中这两者常常被忽略。三个星期后，实验团队往往会因为深陷其中，只见树木不见森林，甚至忘掉了一切的初衷。同样令人沮丧的是，最后好不容易得到了一组结果，参与者却无法就实验是否成功达成共识。设定明确的目标，并将其作为整个实验需要证明的中心论点。另外，一定要确定成功和失败的标准，用严谨的方法使成功可量化。

> 在实验执行全程遵循一个特定公式，以确保实验的进展是高效的。

2. 设计实验的执行方案： 找到一种能够花最短的时间和最少的投资来证明实验中心论点的办法。时间和费用是确定实验吸引力大小的重要因素。一个可以在一天内完成、花费不到 100 美元的实验，一旦成功却可以使业务增长三倍，你会毫不犹豫地去做。但是，如果该实验需要一年的测试时间并且花费高达数十万美元，那么它的吸引力将大大降低。这个实验能带来的潜在回报必须非常高，才能说服你尝试它。寻找成本最低、用时最短的实验路径至关重要。

3. 选择带头人： 理想情况下，实验应该是从公司的创新流程之中发展而来的，那么提出创意的员工应该有能力、激情和时间去领导这项实验。如果是这样，那么与接手别人的实验相比，员工会对自己提出的实验更有个人情感，也更有动力去推动实验成功。出色的实验带头人对创意怀有激情，对测试的应用领域和实验目标了如指掌。

4. 组建团队： 大多数实验都需要一个团队来运行，尤其是在销售方面。我强烈建议你为每个实验分配至少两个人。我还建议选择表现最好的人，而不是表现平庸的人作为实验团队成员。在实验的第一个阶段，我要排查"真实的否定（true negative）"是否存在。如果是两个表现最好的销售人员进行的实验失败了，则很有可能是这个创意本身不可行。如果我们最好的两位销售都无法实现目标，如何将其推广到更大的团队呢？然而，如果我让一位业绩平平的销售员参加实验，即使失败也得不出任何结论。因为我无法得知是因为我选择了错误的人才导致了实验的失败，还是因为这本身就是一个不可行的创意。记住要让表现最好的人参与实验的第一阶段，排查出"真实的否定"。

5. 建立例行监督机制： 确定公司评估实验进度的频率。我们每月与高层领导举行一次实验会议，过一遍数据。实验负责人和其团队将用 30 分钟介绍实验进度并回答领导层的问题。如果进展不佳，实验则可能不再受到资助。如果成功近在眼前，则该实验可能会被分配额外的资金，或者讨论其进一步的扩展计划。

总　结

- 优秀团队的核心理念应该是不断进取。销售加速的关键在于培养实验文化。
- 管理团队的核心角色是创造一种鼓励创新的环境，而不是仅靠自己去苦苦憋创意。
- 在实验执行全程遵循一个特定公式，以确保实验的进展高效且有效。

第十五章

HubSpot 最成功的销售实验

为了说明销售实验的影响,让我们看一下 HubSpot 两个非常成功的案例。一个例子是市场进入(go-to-market)实验,另一个则是销售方法论实验。

HubSpot 增值经销商计划

在 2007 年秋天,我雇用了皮特·卡普塔(Pete Caputa)作为 HubSpot 的第四位销售员。像我一样,皮特是一个非传统的销售员。他之前是一位受过专业培训的工程师,在一家小型创业公司担任首席执行官,且接受过扎实的销售训练。

上班仅几个月,皮特就对启动增值经销商(value added reseller,VAR)计划充满了热情。在那之前,我们的所有销售都是通过直接沟通达成的:向我们网站上的潜在客户打电话,把他们转化为买方。皮特设想了一个新的销售渠道。他想同所有与 HubSpot 宗旨一致的小型营销机构、网页设计店铺、搜索引擎优化顾问等合作,说服他们经销我们的软件。

在皮特之前，我们也曾考虑过增值经销商计划。事实上，我们甚至已经和大型经销商一起对该项目开展了实验。我发现大多数初创企业都很愿意最开始找经销商扩大销售。与其将大量的时间、人力、资金投入到大型直销队伍的招聘和管理中去，让别人帮你做这些不是更好吗？

对于大多数早期初创企业来说，这种方法容易失败。幸运的是，我们在 HubSpot 顾问委员会拥有很多成功经营 SaaS 业务的高管。他们建议不要在公司的早期阶段启动增值经销商计划。他们警告说，建立这样的伙伴关系需要付出巨大的努力，尤其是与规模较大的经销商建立关系。此外，达成协议只是成功的一半，你还需要保证合作伙伴销售团队的投入程度，销售团队需要接受培训来了解你的产品。通常情况下，你的产品只是他们负责经销的数十种甚至数百种产品之一，得不到重视。

合作伙伴策略的另一个主要问题是你的产品团队和主管无法从合作伙伴的销售前线得到反馈。一家初创企业的早期产品，很少能够一下就精准找到产品–市场契合点。随着一家初创企业开始发展自己的销售力量，这个团队最有价值的输出并不是其所吸引的早期买方和所带来的收入，而是从潜在客户处获取的反馈。销售团队越是能有效地了解其潜在市场需求和偏好，并反馈回公司，促使迭代产品、定价和包装，初创企业就越有可能使产品与市场相契合且加速发展。当销售通过外部渠道进行时，很多像这样的反馈都会被挡在门外。多数情况下，合作伙伴的销售人员无论从机制上还是从意愿上都无法与你的公司深入沟通。他们没有动力去获取潜在客户的反馈并将其传达给你的团队。

我完全同意，并且非常感谢我们顾问的建议，但是皮特热情不减，坚持不懈，他还是想在 HubSpot 发起合作伙伴计划。同时，我们渴望建立一种"创新"文化，让聪明员工的好想法得到重视和评估。我告诉皮特，如果他达到了季度目标的 120%，他就可以尝试 VAR 计划。

毫无疑问，皮特达成了他的目标。

接下来的一个季度，实验开始了。我们决定让皮特继续对他的销售指标负责，同时提供了一些资金支持，但实验都在工作时间之余进行。实验的目的是探讨我们是否可以利用增值经销商计划以较低的成本吸引新买方，以及哪些买方会成功地使用 HubSpot 软件。我们把实验的成功定义为通过一个或多个增值经销商来获取五个新买方。这五个买方都需要安装 HubSpot 软件，并且在第一个月中每周登录一次平台。

皮特又达成了目标。

再下个季度，增值经销商计划成了皮特的全职工作。

我们给了他营销预算，并设定了一组新的目标。他实现了这组目标后，我们又增加了营销预算，并给了他额外预算雇用两名专职销售人员。这个计划已经可以扩大规模了。

随着时间的流逝，我们像监测其他业务一样监测了皮特的增值经销商渠道。我们测算了客户生命周期（LTV）、客户获取成本（CAC）、投资回收期、销售人员生产率、客户留存率以及其他一些指标。结果非常惊人。

六年后，皮特领导了一个以增值经销商为核心的团队，该团队由 100 名跨职能员工组成，每月为 HubSpot 带来大量新增收入。

想象一下，如果我们从未给皮特机会，会怎样？增值经销商实验是一个很好的例子，简单可控，却可能取得巨大的潜在收益。幸运的是，在这个案例中，这些可能的收益变成了现实。

GPCT 评估矩阵

正如我在第五章中提到的那样，我们在 HubSpot 使用的第一个评估矩阵是 BANT（预算、权限、需求、时间）。在不断评估销售机会之后，我们发现，在HubSpot所处的环境中，BANT中的"N"（"需求"）已成为挖掘过程中最重要的组成部分。能够充分了解潜在客户"需求"的销售人员往往具有很高的潜在买方转化率。

一个完善的"需求"听起来是这样的："买方在第四季度增加了两个销售人员，并且需要在本季度初增加20%的销售线索数量以支持销售扩张。如果他们不增加销售线索数量，新的销售人员将不得不进行陌生电访推销，这种做法在过去是不成功的。因此如果公司不按比例增加潜在客户，那么扩张后的销售团队将可能无法加快获客速度。"

我们的一些销售人员对"需求"的理解不到位。他们的潜在买方转化率很低，是因为他们无法从根本上理解潜在客户买方的需求。当我问他们发现了买方什么需求时，回复很笼统："买方需要更多的销售线索，就像其他人一样。"别开玩笑了！为什么他们需要更多的销售线索？他们需要多少销售线索？他们是如何得出这个数字的？如果他们没有更多的销售线索怎么办？在他们总体的优先级列表中，增加销售线索数量排在第几位？如果我们的销售人员无法回答这些问题，那就麻烦了。

开展业务几年后，部分销售人员对于开发买方有效"需求"感到吃力。这就需要采取其他方法。作为销售领导团队，我们发起了一场头脑风暴。最终我们决定更新评估矩阵。我们提出了一个进化版矩阵，更好地总结了我们最成功的销售人员发掘潜在客户所采用的方法。我们称它为GPCT，即目标（goal）、计划（plan）、挑战（challenge）、时间表（timeline）。

详细信息如下：

1. 目标：围绕潜在买方公司待实现的业务目标。正如我的导师约翰·麦克马洪（John McMahon）曾宣称的那样："一个成熟的目标应该是可以量化的且有影响的。""量化"表示该目标包含一个具体的数字（例如公司希望将潜在客户数量增加20%）。"有影响"是指我们能够理解买方未达到目标所带来的影响（例如如果未能将潜在客户数量增加20%，则新的销售人员可能没有潜在客户可联系；公司实际上是在用更大的销售团队维持同样的潜在收入；销售人员的生产力因此下降，这家公司业务也会因此受挫）。"目标"可以帮助我们了解我们对买方可能产生的影响，并评估目标达成对买方而言的重要性。

2. 计划： 潜在客户公司为实现目标而制订的商业计划。在HubSpot自己的语境中，"目标"通常都与增加潜在客户数量有关，"计划"因而是一种旨在增加潜在客户数量的营销策略。公司是否会增加在展会上的影响力？公司是否会发起直邮营销活动？公司是否会增加广告支出、开设自媒体、提高陌生电访的频率等？了解买方的"计划"有助于我们评估这些计划是否现实，以及我们能不能提供帮助。理想情况下，我们的销售人员会确定一个在我们能力范围之内的可行计划（即制订一个集客式营销计划）。很显然，许多此类销售机会最后会转化为实际买方。相比之下，根据经验，我们常常能一眼看出某家公司自己的计划很可能会失败。一个常见的场景就是，这家公司的计划是购买一份潜在客户名单，希望通过直接发送电子邮件的方式联系上客户。这种策略不仅只能带来很少的潜在客户，而且还增加了公司邮件被直接丢到垃圾邮件文件夹的可能性，不利于之后的销售和营销工作。在这种情况下，我们需要告知他们的团队当前计划的危害性，并指导其采取更有效的策略。这操作起来有一定难度。实际上，我们完全可以让买方使用HubSpot软件来执行他们毫无希望的电子邮件计划，然后不闻不问地看着他们的营销活动走向失败，但是这样买方的客户体验会很差。如果我们向买方阐明其策略的危险，并指导其采取更有效的策略，那么他们将取得更好的成果。

3. 挑战： 潜在客户公司实施其计划面临的挑战。是否有合适的人员来执行计划？是否有执行计划所需的预算？软件功能和供应商水平之间是否存在差距，从而影响计划的进行？了解潜在客户面临的挑战让我们更懂得如何最有效地提供帮助。如果我们真的可以帮助买方克服挑战，那么各方都将乐于深化合作。如果仍然存在我们无法直接解决的挑战，我们至少可以本着合作精神帮助买方寻找替代解决方案。

4. 时间表： 潜在客户公司希望完成目标的具体日期。日期应该如何确定？届时未实现目标会有什么后果？HubSpot 的解决方案如何帮助加速实现目标，以及我们如何有效地与买方进行沟通？

作为 HubSpot 销售的领导团队，我们越深入讨论 GPCT 评估矩阵，就越喜欢它。我们用大量销售机会测试新矩阵，发现它能够为销售人员提供更好的指导，帮助他们适应买家流程。

大多数公司会在年度销售会议上推出这样的修改。"让我介绍一下新的销售评估矩阵——GPCT！"最后，销售团队在大会上了解了 GPCT 的定义，学习了如何将其应用于销售渠道。他们可能会参加几个小时的课堂式培训，以将其整合到当前流程中。推行六个月后，只有 20% 的人还在使用 GPCT，而其他人早就回到老路上去了。

我们没这么做。我们没有向整个团队宣布新的 GPCT 评估方案，而是进行了实验。

该实验的目的是了解从 BANT 过渡到 GPCT 是否会改善我们销售流程中的需求发掘阶段，进而提高潜在买方的转化率、销售人员的生产力和买方的成功率。在实验的第一阶段，我们计划将 GPCT 教授给五位顶级销售人员。实验成功的定义是在六个月内将潜在买方转换率、销售人员生产力和买方成功率提高 10%。

正如我所提到的，第一阶段的先头部队由我们五个最好的销售人员组成。团队负责人是安德鲁·奎因（Andrew Quinn），他当时是我们的销售培训主管，也是公司中最好的教练，可以说这是一个明星团队。第一阶段的目标是排除"真实的否定"。如果在我们最好的教练的带领下，这个星光熠熠的团队都无法通过 GPCT 改善其绩效，那么把新模型推广到整个团队就绝无可能。但是，如果 GPCT 确实起作用了，那么新模型就值得一试，看看其余销售人员能否靠它实现类似的进步。

在安德鲁领导的六个月中，团队每周都会在晚上聚集几次讨论 GPCT，还会回看每个成员使用 GPCT 给买方打需求发掘电话现场录制的视频。他们以 GPCT 视角审视销售线索，就如何定义矩阵每个阶段的关键要素建立了明确的指导原则，并定下一套探索每位潜在买方 GPCT 的最佳提问方法。

不出意料，安德鲁和他带领的先头部队完全超出了预定的成功指标。此外，他们还带来了意外之喜——GPCT 被更多人主动接纳了。参与第一阶段实验的销售人员的工位分散在销售团队所在楼层的不同位置，所以坐在周围的同事可以听到他们与潜在客户通话的方式。他们开始打听这个新模型的内容。于是整层楼都在讨论 GPCT，先头部队的晚间会议以及他们取得初步成功的消息都被传开了。其他销售纷纷来请教，想要学习使用 GPCT。这样非常棒！等到我们准备好向整个销售团队宣布 GPCT 的时候，每个人都已经听说了新策略，并且 80% 的人已经接受并使用它了。

这与传统的"年度启动会议"部署形成了鲜明的对比。这种实验法产生了两个积极成果。首先，实验法让我们安全、低风险地测试了 GPCT 框架的价值；其次，相比年度启动会议，实验法能够更有效地让整个销售团队接受这个新的模型。

VAR 计划和 GPCT 评估矩阵只是 HubSpot 许多成功实验中的两个案例，同时我们也有着更多失败的实验案例。HubSpot 的创新文化和严谨的实验执行促使员工不断挑战常规，使我们能够在不造成运营灾难的情况下接受失败，并孵化了一些重要的战略转变，从而将公司推向了新的高度。

第十六章

结论：我们如何运用本书中的知识

本书的结论要点总共分为三层。

就最简单直接的层面而言，我希望本书能够为你提供一些有用的策略，帮助你以一种可扩展、可预测的方式来建立一支销售团队。我希望我的故事能够为你提供一个有关如何有效地招聘、培训和管理一支高绩效销售团队的可参照蓝本。我希望你可以尝试集客式销售模型并且用实验精神赋能你的组织。我也希望你能够了解并采用适当的科技手段，并以此为企业带来竞争优势，让销售人员和客户都从中受益。

往下深入一层，我希望这本书能促使你在扩大销售规模时不断挑战现有的模式。我在几乎每个故事的开头都提示过，这些策略对于当时的HubSpot是有效的，但不一定完全适用于你。你要不断寻找最新、最好的做法，研究那些最成功的公司的销售策略。但是，你也要充分认识到你所面临的买方环境是特殊的。切记只运用那些与你的团队和产品相关的策略，不断挑战常规，不断创新，积极分享，助力销售。

再往下是最核心的层面。我写这本书的核心精神在于，我衷心希望本书能够为全新的销售理念奠定基础，这将从根本上改变销售世界。销售领域已经很久没有这样的改变了，但改变迫在眉睫。让我来解释个中原因。

数十年来，学术界和企业界的意见领袖都在质疑，销售和销售领导才能可以培养吗？我们几乎不可能在学校找到销售专业。但与此同时，有效的销售执行力又是公司成功的最重要的驱动力之一。尽管目前缺乏正式的培训方案，但我对未来感到乐观。在过去的一年中，至少有十几位学术界和企业界的领导与我接触，表示希望挑战现状并制定一套正式的销售课程。我希望未来几年有更多有影响力的人能够参与到这样的努力中来。

多年来，从一流大学毕业的尖子生会选择管理咨询顾问、工程师、企业家、律师和医生等高回报的职业。销售工作是不那么顶尖的学生从事的工作，这似乎是约定俗成。但是，我相信这样的现状将会得到改变。在过去的几年中，我看到来自世界一流大学的尖子生重新对销售产生兴趣。他们看到许多《财富》500强首席执行官的职业生涯始于销售，并意识到销售在企业成功的方方面面扮演着重要的角色。他们了解业绩出色的销售人员能够获得的收入回报。

近年来，客户对销售人员的态度已经从不情愿地打交道进一步转为避之不及。人们觉得销售人员爱操纵和欺骗客户，且常常在道德边缘徘徊。正是这样的看法和行为导致了销售职业形象的持续恶化。为了改变销售被污名化的现状，我们需要参与到现代销售策略的早期培育中来。销售人员的形象应该是乐于助人的顾问和令人尊敬的意见领袖。在遭遇危机时，人们应当乐于去寻求他们的帮助，就像在医生面前，我们认真对待他们的诊断一样。

无论作为买方还是卖方，我们都应该希望销售领域发生这样的转变。我们需要加快实现这一愿景的进程。但怎么做，我不清楚，我需要你的帮助。

销售加速公式中最重要的元素，就是推动全世界对销售本身的深层认知——谁能做到这一点？

也许就是你。

商业设计创造组织未来

书号	书名	定价
978-7-111-57906-9	平台革命：改变世界的商业模式	65.00
978-7-111-58979-2	平台时代	49.00
978-7-111-59146-7	回归实体：从传统粗放经营向现代精益经营转型	49.00
978-7-111-54989-5	商业模式新生代（经典重译版）	89.00
978-7-111-51799-3	价值主张设计：如何构建商业模式最重要的环节	85.00
978-7-111-38675-9	商业模式新生代（个人篇）：一张画布重塑你的职业生涯	89.00
978-7-111-38128-0	商业模式的经济解释：深度解构商业模式密码	36.00
978-7-111-53240-8	知识管理如何改变商业模式	40.00
978-7-111-46569-0	透析盈利模式：魏朱商业模式理论延伸	39.00
978-7-111-47929-1	叠加体验：用互联网思维设计商业模式	39.00
978-7-111-55613-8	如何测试商业模式:创业者与管理者在启动精益创业前应该做什么	45.00
978-7-111-58058-4	商业预测：构建企业的未来竞争力	55.00
978-7-111-48032-7	企业转型六项修炼	80.00
978-7-111-47461-6	创新十型	80.00
978-7-111-25445-4	发现商业模式	38.00
978-7-111-30892-8	重构商业模式	36.00